家里的蒙氏亲子课

学会合理规划孩子的一整天

杨帆 著

牛晓琳 绘

乐乐趣

陕西新华出版

未来出版社

·西安·

图书在版编目（CIP）数据

家里的蒙氏亲子课：学会合理规划孩子的一整天 /
杨帆著；牛晓琳绘. — 西安：未来出版社，2023.11
（2025.8重印）
ISBN 978-7-5417-7479-9

Ⅰ．①家… Ⅱ．①杨… ②牛… Ⅲ．①学前儿童—家
庭教育 Ⅳ．①G781

中国国家版本馆CIP数据核字（2023）第011166号

家里的蒙氏亲子课 学会合理规划孩子的一整天
Jia li de Mengshi Qinzi Ke Xuehui Heli Guihua Haizi de Yizhengtian

杨帆 著　牛晓琳 绘

图书策划 周天祥 刘 菲　　　**责任编辑** 柏 宁
封面设计 时秦睿　　　　　　**特约编辑** 包文丽
美术编辑 张旭帆 牛 娜　　　**插画绘制** 牛晓琳 薛燕云
出版发行 未来出版社
地址 西安市雁塔区登高路1388号（邮编 710061）
开本 889 mm×1 194 mm 1/16 **印张** 12.5
字数 162千字
印刷 上海中华印刷有限公司
版次 2023年11月第1版 **印次** 2025年8月第3次印刷
书号 ISBN 978-7-5417-7479-9
定价 58.00元

出品策划 荣信教育文化产业发展股份有限公司
网址 www.lelequ.com　　**电话** 400-848-8788
乐乐趣品牌归荣信教育文化产业发展股份有限公司独家拥有

育儿先育己，做有准备的父母

我和杨帆老师从 2016 年开始共事，见证了她从一名渴望教育好孩子的妈妈不断学习和蜕变，成长为一名优秀的蒙氏妈妈和蒙氏教师的全过程，深深地为她骄傲！

这本书缘起于我们的家长培训项目，多年的婴幼儿教育实践告诉我们，家长不仅是孩子的第一任老师，也是最重要的老师，而家庭则是最重要的教育场所。鲜有父母不爱自己的孩子，但却有很多家长不知道如何才是智慧的爱。正是因为家长不了解孩子身心发展的规律，才会不知不觉在孩子的成长道路上设置了阻碍，使孩子的人格和潜能都得不到充分的发展。作为家长，我们往往急于纠正孩子外显的行为问题，满怀希望地想让孩子在一夕之间变得听话懂事，但实际上孩子行为问题的根源往往在于我们家长自己。

其实每个孩子都是一粒充满生命能量的种子，他们与生俱来的发展动力和创造力，只有在家长像园丁一般的精心呵护下才能被充分激发出来，但家长不能代替孩子成长，就像园丁无法代替种子成长一样。对孩子干预过多或过少，都会造成他们成长过程中人格的偏差和扭曲，我们需要学习如何把握这个平衡。所以在育儿的道路上，我们不能一味地向外求，总想着去改变孩子，这是事倍功半的做法，我们最应该做的是学习和思考如何向内看，反省自身在育儿理念和方式上的问题，做到育儿先育己，做有准备的父母。

　　杨帆老师的这本书用深入浅出的方式为家长讲解了如何成为有准备的父母，以及如何创设有准备的环境，这关乎蒙氏教育中最重要的两个原则。家长通过精神准备，能摒弃对儿童的偏见，承认儿童拥有丰富的心理需求和无限潜力。当我们能够以谦虚的态度看待儿童时，我们就能够发现他们成长过程中的奇迹，这些奇迹每天都在发生，就在我们身边，就在我们最熟悉却又熟视无睹的孩子身上。当我们以更加平等和尊重的方式对待孩子时，我们才能更好地支持他们的成长。在如何成为有准备的父母这一问题上，杨帆老师在本书中的育儿观察和思考，不仅提供给家长们关于儿童发展和蒙氏理念的基础知识，更能引发大家对自身的思考，并不断更新自己的育儿理念，更好地开展育儿实践。

　　通过创设有准备的环境，我们能实现蒙氏教育中所描绘的"不教的教育"，不是家长刻意去教，而是孩子在一个适宜的环境中，通过自己内在的力量去学习和发展，正像蒙台梭利所说："不需要教孩子任何东西，只要放在一个合宜的环境，孩子会教我，只要他们的灵魂未遭扭曲，他们会向我展示心灵的奥秘。"关于有准备的环境，杨帆老师在本书中给出了非常简便可行的做法，家长们只要了解其中的原则，就能以本书为基础进行无限拓展和延伸。

　　本书开篇有一首诗，标题是《如果我可以重新养育我的孩子》，但我们都清楚地知道，生命不会重来一次，我们也无法重新养育自己的孩子。作为家长，我们要力争做到无悔育儿，而这本书无论对孩子还是家长都是一个良好开端。期待通过本书让更多的家长了解儿童、了解儿童生命的本质，从而更好地支持孩子的发展。

美国蒙台梭利协会董事 童心童语创始人

邱文

蒙台梭利，给妈妈一个不焦虑的育儿选择

九年前，我生下了儿子，成为妈妈，像每个新手妈妈一样，我不知道怎么做妈妈，我努力地解答这个小婴儿给我出的一道道难题，身心俱疲，焦虑无助。

现在我还清楚地记得，那个哄睡儿子后舍不得睡觉的夜晚，我在网上第一次看见蒙台梭利幼儿学步教室的纪录片，自己对着屏幕默默流泪的样子。纪录片里只有一两岁的小可爱们，神态从容又自信，和我印象中的小朋友完全不一样。他们平静专注地在教室里，铺桌布、摆餐具、剥橘子、上厕所、睡午觉……整个教室看起来就像一个井然有序的小社会。这画面完全颠覆了我对婴幼儿的认知。我心里惊呼，这是什么神奇的养育方式，我也想用这样的方式养大我的儿子。于是，我与蒙台梭利教育的缘分就这样开始了。

蒙台梭利教育诞生于一百多年前的意大利，一位名叫蒙台梭利的医学女博士通过观察福利院的孩子，发现早期教育的关键是帮助孩子实现自我独立。她研发设计了一套完整的教学体系和蒙氏教具，让意大利贫民窟的孩子在很短时间内取得了惊人的进步，无论学业、品德、礼仪都表现优异，震惊了整个欧洲，乃至世界。但受限于蒙台梭利教育严谨传统的师资培训体系和繁杂昂贵的专业配套教具，蒙台梭利教育在中国一直推广缓慢，在北京、上海、广州等一些发达城市才能找到正宗的蒙台梭利幼儿园，学费也是让人望而却步，动辄每年十几万，只有少数家庭才会选择。

怎样能让我的孩子也接受到蒙台梭利教育呢？我了解到一家在北京的国际幼教集团每年都会邀请 AMS（美国蒙台梭利协会）的蒙台梭利培训师，针对集团的老师进行一次国际认证的蒙台梭利教师培训。此次培训分为 0~3 岁阶段和 3~6 岁阶段，每个阶段只有 20 个培训名额。最让我心动的报名理由是，如果我能够拿到蒙台梭利教师资格证，就可以应聘到蒙台梭利幼儿园工作，享受员工子女入学的折扣优惠！我就能负担起蒙台梭利幼儿园昂贵的学费，实现让孩子享受蒙台梭利教育的愿望。

AMS 教师认证培训的学费很高，录取需要推荐信，很少对外招生，最让我为难的是，培训还包含蒙台梭利幼儿园一年的实习考核期。也许是用蒙台梭利教育法养育儿子的愿望太强烈，也许是一个女性临近三十岁的叛逆与觉醒，我辞去了自己在国企安逸稳定的工作，用诚心和执着通过了录取，成为当年那家幼教集团 0~3 岁阶段蒙台梭利教师培训的唯一非教师背景学员，而后拼尽了全力去听课学习。

因为没有幼儿园工作经验，培训中我总是会问一些"妈妈才会有的问题"，让同学总是笑我，怎么幼儿园的事什么都不知道。但也正是因为"先妈妈，后老师"的宝贵经历，让我更能从家长角度思考蒙台梭利教育。因为像如何断夜奶、如何分床睡、如何跟老人合作带娃这类育儿问题，在教师培训中并不会讲到，但却是家长最需要了解的，这段经历也为我后来致力于推广蒙台梭利家庭教育埋下了种子。

回想当初一猛子扎进蒙台梭利教育的海洋，时间一晃而过，经过近十年的磨炼，我从一个新手妈妈出发，成长为如今能独当一面的蒙台梭利老师。我独立研发了蒙台梭利亲子观察课，并创业在北京开了 6 家蒙台梭利连锁家庭园。此外，我还受邀到全国各地的蒙台梭利幼儿园进行督导培训，并到北京的一些高校给早期教育专业的大学生授课。在一些政府部门举办的托育培训项目中，我也积极贡献了自己的力量……然而，内心深处，我总感到有些不踏实，总觉得有些事还等着我去完成。

某个周末，我受邀到北京一家知名妇产医院做家长讲座，有一位妈妈跟我长聊了两个小时。当她连连点头，感谢我为她答疑解惑时，我明白了，我心里最挂念的那件事，还是"妈妈"。

我回想起多年前那个刚刚成为妈妈的自己。在医院经历了疼痛、疲惫、紧张的三天后，我成了妈妈，可是没人告诉我如何做个好妈妈。育儿书上、公众号上、月嫂和老人口中，那些五花八门的建议和指导，让我更不知道如何应对。传统养育观念和现代养育观念的冲突、应试教育与素质教育的冲突、母亲身份与职场角色的冲突，所有的一切全都集中在我这个新手妈妈的身上，直到我遇见蒙台梭利。蒙台梭利教育像一个温暖的怀抱，紧紧抱住了当时那个无助的我。

蒙台梭利教育告诉我，养育不应该是焦虑的，妈妈也不应该是"救火队员"。养育是一次对自己的救赎，让自己有机会在亲子关系的另一端，重新思考，重新连接，把人生中那些不安和困惑，在这段新的关系中一一梳理，一一解答。这种感觉太过美好，以至于我迫不及待地想要把自己的收获告诉每个妈妈："快看，我们有更好的选择！"

经过对蒙台梭利教育本土化的多年追寻后，我明白了蒙台梭利教育不仅仅是教具，也不仅仅是教室里的规则。作为关于生活的教育，蒙台梭利教育最应该出现的地方，最应该被推广到的地方就是家庭。因此，我萌生了要写一本关于0~3岁蒙氏教育家庭实践指导书的想法。

　　为什么是 0~3 岁？因为"三岁看大，七岁看老"，和中国传统教育理念对孩子的理解一样，蒙台梭利博士认为 0~3 岁是孩子生命中至关重要的前三年。在这三年里，孩子会形成自己解决问题的方式、交朋友的方式、表达喜爱和愤怒的方式等，这些方式最终会铸就孩子的性格。同时，在这三年里，跟孩子的成长最息息相关的，就是家庭生活中的吃喝拉撒睡。在这一阶段，家长如果能掌握一些科学的教育方法，就可以读懂孩子的行为和需求，为孩子提供高质量的早期教育，给予孩子恰到好处的支持，帮助孩子自己去做。

　　蒙台梭利教育提倡的，就是让教育者从亲子生活中的每一件小事入手，把生活当作教育的桥梁，用环境引导和教育孩子，让 0~3 岁的小朋友在大人的帮助和环境的支持下，也能逐渐学会照顾自己、照顾环境再到照顾他人。让每个孩子在身心协调的成长过程中，获得独立、自信、专注、友善、自律的品格，从而能够享受人生漫漫旅途中的种种挑战，在追求卓越的道路上，不忘感受生命的美好与乐趣。

　　在本书中，我结合自己多年践行蒙台梭利教育的经验，从一天中妈妈带娃的 8 个场景出发，细细梳理了亲子陪伴中经常出现的各种问题，写出了这本在家实现蒙氏养育的实践指南书。如何让孩子自己吃饭？如何立规矩？如何打造儿童厨房角？如何自创蒙氏游戏？……这些问题在本书中都有答案。

　　希望阅读此书的每一位妈妈和每一位爸爸都能成为充满爱和智慧的向导，帮助初来地球的小人类在 0~3 岁悄悄完成一件大事，就是认识"新"世界，成为"Ta"自己。

希望每一位像曾经的我一样为养育而焦虑的妈妈，能和现在的我一样，对自己说："你看，生命原来如此美好，养育一个孩子，原来也能这么幸福又简单。"

2023 年 3 月于北京

杨帆

目 录

第四章 去公园玩

第五章 午餐时间

第六章 自己玩

如果我们所面对的是一个 3 岁的孩子，他也许能够告诉我们他想要的是什么。我们要知道儿童缺少的不是鲜花和玩具。我们要预见到不同发展阶段的儿童需要什么东西，并向他们提供这些东西。我们要知道儿童在发挥自我潜能时需要的条件。但是，如果我们面对的是刚刚开始适应新环境的婴儿，我们要为他们准备什么样的环境呢？

——玛丽亚·蒙台梭利

蒙台梭利博士在一百多年前，通过观察发现了儿童成长的奥秘，那就是环境。婴儿在环境中成长，从晨起到入眠，他们在家庭的日常生活中，观察模仿、探索思考，慢慢迈出成长的脚步，学会如何成为一个小人类。

请倾听孩子的需求和心声，在生活点滴里为孩子创造丰富多彩的成长体验，给予孩子足够的探索空间，学习如何做孩子的生命导师。让我们从说一声"早上好"开始，陪伴孩子走进这个新的世界。

第一章
早上好

01

尊重孩子内在生命力的自发冲动及其发展规律

在开始第一讲之前，我先给大家分享一首诗。这首诗写出了养育孩子背后的酸甜苦辣，既说明了养育的辛劳，也指出了养育者的责任，还道出了养育孩子的快乐，很多家长读完之后都深有同感。

如果我可以重新养育我的孩子

[英]戴安·仑曼斯 文　邱文 译

如果我可以重新养育我的孩子，

我会多用手指作画，

少用手指指点。

我会少教训，多沟通。

我会将视线从手表上移开，而去用心观察。

我会少学一分知识，而多学一分照护。

我会更多地去远足，放飞更多的风筝。

我不再严肃地玩，而是玩得更投入。

我会跑过田野，凝视星空。

我会多拥抱，少拉扯。

我会少批评，多肯定。

我会先建立自尊，之后再建造房屋。

我会少教你对权力的爱，而更多教你爱的力量。

这首诗传达了一种观念：养育是一面镜子，能够照射出我们的焦虑，照射出我们的担忧，照射出我们对人生成长的困惑。养育不该是将这些焦虑和担忧转移给孩子，变成打压孩子的工具，而是应该让我们把对孩子的爱，变成对孩子的支持和助力。诗歌传达的观念和蒙氏的育儿理念是一致的，因为蒙台梭利教育法的核心在于尊重，即尊重孩子内在生命力的自发冲动及其发展规律。

孩子的成长就像种子发芽，种子发芽需要阳光、水、空气、土壤等环境。但这些只是外部的条件，种子之所以能发芽，是因为它原本就是一粒想要发芽的种子，它拥有自己内在的生命力。

要让种子发芽，我们需要给它阳光、水、空气、土壤，我们懂得种子需要什么，但是我们从来不能代替种子成长，告诉种子如何发芽。

我们也应该用这样的方式去教育孩子，所以我们要提倡：

有准备的环境，

有准备的成人。

"有准备的环境"帮助孩子进行学习和探索；"有准备的成人"懂得孩子当下（每个月龄）需要什么，应该给予孩子什么样的支持、什么样的回应、什么样的陪伴。我们要给予孩子恰到好处的助力，而不是为孩子的成长制造障碍。有准备的园丁，能让种子焕发出它自己的生命力。

02
打造适合
儿童成长的
睡眠环境

尊重孩子内在生命力，可以体现在家庭环境布置的方方面面。孩子一天的活动从早晨起床开始，我们首先围绕孩子的睡眠环境和起床后的亲子时光，来看看家长要如何为孩子提供有准备的环境，如何做一个有准备的成人。

睡眠环境的核心元素是床铺。关于床的设置，我们蒙氏老师建议家长为孩子提供地板床，顾名思义，就是把床直接铺在地上。为什么要给孩子提供地板床？因为地板床有一个非常大的优势：让孩子在很小的时候不受限制，能够自由地上下床。

育儿观察

孩子上下床的限制是什么？比如低月龄的小宝宝睡醒了想下床，如果他被困在围栏里（这也是绝大多数家庭的情况），就需要大人把他抱出来。如此一来，他得先通过大声哭喊，吸引大人的注意。

试想一下，一个成年人，每天醒来，没有别人的帮助就不能下床，这是什么样的感觉？即便是还不会说话的小宝宝，也拥有和成年人一样的生而为人的自尊，如果行为活动处处受困，小宝宝的自尊也会受到伤害，无法拥有独立、自信的生活状态。

所以蒙氏倡导给孩子提供能够自由上下床的环境，地板床就是个不错的选择。地板床还有个好处是，家长不用担心孩子会从床上掉下去。

⬆ 地板床（成都高新区花生妈妈拍摄）

蒙台梭利博士在著作《有吸收力的心灵》中提及：毛毛虫在树叶上爬行的时候，爬到边缘就会往回缩，不会从树叶上掉下去。为什么人类的婴幼儿会从床上掉下去呢？连毛毛虫宝宝都掌握的技能，为什么人类的婴幼儿不会？

其实是因为婴儿从出生就睡在围栏床里面，没有机会去感受边界，没有机会去自由地探索和运动。如果孩子从小睡地板床的话，他们就会训练出这种本领，到床边之后感觉到："哦，我到床边了，我要回去。"但是，一直睡围栏床的孩子就没有这样的能力，因为环境没有支持他们发挥"人类不要让自己的身体悬空"的本领。

需要注意的是，孩子睡眠环境的打造不是一成不变的，应注意随着孩子的成长而变化。

0~3 个月的新生儿可以睡在提篮里边。因为在出生之前，小宝宝在温暖、黑暗、潮湿，以及有一点点嘈杂的子宫里面生活了 10 个月，所以乍一来到人世，新的外界环境对新生儿来说太大、太明亮、太干燥了，让他们的心理处于很不安全的状态，他们需要安抚。提篮环境给新生儿的空间就恰到好处，他们碰到哪里都会触到边缘。如果提篮的垫子是用妈妈的贴身衣物做成的，例如秋衣秋裤，对小宝宝来说就更好了，因为妈妈的气味会给孩子带来安全感。

3个月之后，就要把婴儿的提篮放到地板床上。因为长到3个月，孩子就差不多要学习翻身了，所以需要更大一点的空间，让宝宝逐步地熟悉用视觉和动作去感知空间。

🔺 让宝宝有安全感的提篮环境

🔺 提篮放置在地板床上

床周围的环境布置

　　床的周围也可以做一些装饰，刺激婴幼儿视觉发育。1个月大的宝宝能看到约1米的距离，且只能看到轮廓，最擅长识别的是人脸，尤其是妈妈的脸。所以，建议给宝宝的床边贴上家人的大头照，这对他们来说是最好的视觉发育环境。随着宝宝长大，换上地板床，等宝宝可以自由上床下床时，建议在地板床旁边，放上一面镜子，方便宝宝观察自己。除此之外，颜色鲜艳明亮的图画和吊饰也可以作为刺激孩子视觉发育的工具。

　　如果家里没有独立的儿童空间，家长也可以在主卧大床旁边设置低矮的延长床，这样既能保证宝宝跟妈妈分床睡，让妈妈照顾孩子不那么辛苦，还符合蒙氏教育理念中让孩子随时自由上下床的原则。

　　如果不想把家里的地板床设置得那么低，可以在床边用几个垫子做成阶梯，让孩子能够自由爬上爬下，同样符合蒙氏原则。

03
让孩子参与
日常家务

在实际生活中，大部分宝宝起床后，不需要收拾自己的床铺。但在我们蒙氏老师接触的案例中，有的蒙氏宝宝只有 1 岁多一点，刚刚会走，就已经开始自己收拾床和房间了。大多数家长觉得，1 岁多的孩子怎么可能会收拾自己的床铺呢？但蒙氏理念倡导：亲子生活中的任何一件事，都是教育。我们要和孩子一起动手，而不是替他做。

家长和孩子一起收拾床铺，可以帮助孩子建立整洁感和秩序感。如果家长把一切都做好了，孩子能感受到生活中属于他的责任吗？只有参与其中，他才能感受到他是被需要的，才会有价值感。同时，他也会了解："原来我有'需要'，我需要在起床之后收拾自己的床铺。"这样一天一天过去，把"需要收拾床铺"内化给孩子，劳动会成为他自己的需求。

起床整理床铺是日常家务的一部分，日常家务也是蒙氏教育特别看重的部分。很多家长会困惑：为什么我的小朋友不愿意做家务呢？其实这里面有一些小技巧分享给大家。

蒙氏小技巧：

1. 要重视孩子对家务的兴趣，因为兴趣是最好的老师

2. 给孩子恰当的环境

3. 要缓慢、清楚地示范

4. 要接受孩子的不完美

1 —— **要重视孩子对家务的兴趣，因为兴趣是最好的老师**

我们让孩子做家务，是把它当作教育活动，教孩子学会生活。在学习生活的过程中，让孩子获得练习动作的机会，获得日常生活常识，进行常识的内化，最后获得秩序感、责任感、独立、自信等很多美好品质，这才是家长的目标，至于孩子能不能把家务干好，不是那么重要。所以，我们要先从孩子的兴趣出发，引导孩子从做家务开始学会独立生活，而不是向孩子抱怨所有家务都是家长自己在做，让孩子对做家务有心理负担。

家长们可以想想孩子对什么感兴趣。如果对擦桌子感兴趣，我们就从擦桌子引导他；对切苹果感兴趣，就从切苹果引导他；对扫地感兴趣，就从扫地开始。只有抓住孩子的兴趣点（孩子内在的生命力是他心中最好的老师），然后培养他，才能事半功倍。

2 —— **给孩子恰当的环境**

如果孩子喜欢擦桌子，在每次吃完饭的时候，家长可以给他一块特别可爱的、拿起来大小也刚刚合适的小抹布。比如在蒙台梭利托育班，会有一种手套抹布，它是方形的，三边缝住，一边开口，小手刚好可以塞进去。

这样的环境可以让孩子有机会每天参与擦桌子。吃完饭，家长可以对宝宝说"哎呀，我们去擦桌子吧，妈妈很需要宝宝来帮忙擦桌子""谢谢你帮我把桌子擦干净了""有你的帮助可真好"等

能让小朋友擦桌子的手套抹布

等，这类话可以让孩子产生成就感，获得参与家务的满足感。

③ —— 要缓慢、清楚地示范

在教学过程中，我发现蒙台梭利托育班的学步儿童，擦桌子时会拿一块抹布在桌子上糊弄一下，擦完甚至连抹布都不收就走了。他们觉得自己擦了桌子就特别开心，特有成就感，特别满足。这是正常的，因为当小朋友看到老师擦桌子，以他们的理解力和关注度，他们会觉得老师只是在桌子上蹭了那么一下，于是他们也如此模仿。所以，家长应当在孩子感兴趣的时候，在他们面前双手拿着抹布，从上到下，从左到右，很缓慢、清楚地给孩子展示什么是擦桌子。

生活的小技巧，孩子在多数情况下关注不到其中的细节，因为成人的动作做得太快了，他们来不及看。我们既然想让孩子学，就要缓慢、清楚地示范给他们看；而且每次示范的方法要保持一致，例如每次擦桌子，都要从上到下，从左到右，两只手一起擦。慢慢地你会发现孩子开始模仿你了，因为他们终于看懂怎么做了。

④ —— 要接受孩子的不完美

当给孩子缓慢、清楚地示范之后，我们还要和孩子一起做家务，因为不同的孩子参与家务的程度不一样。还是用擦桌子来举例，他可能只擦一下，也可能全程擦，甚至擦完了还要擦，或者他只是过来看一下就跑掉了。如果孩子没有完整地擦完桌子，我们也千万不要苛责孩子，因为他还没有完全掌握这个技能，我们要理解这是学习擦桌子必经的过程。

在孩子学会自己擦桌子之前，如果家长总是说"哎，你怎么没擦干净呀！""哎，怎么擦一半就跑了！"之类的话，对孩子来说，擦桌子会变成"有压力"的事情，就更不愿意做了。我们不能期待他每一次都把桌子擦干净，也不能因为他今天把桌子擦干净了，就期待他明天也擦干净。我们只需要每次都告诉他"吃完饭应该擦桌子，妈妈希望你跟我一起擦""如果今天你不想擦，我希望你明天跟我一起擦。因为这是好习惯，这是我们的责任"。

如果家长能很耐心地坚持，那孩子也会在这个过程中慢慢地把规则内化，吸收到心里。最终在孩子快 3 岁的时候，你就会看到一个有秩序感、特别懂得照顾自己、懂得生活、有能力、很优秀的小大人。耐心地等待是我们在孩子 0~3 岁阶段必须做的事情，静待花开，不要期待孩子每一次都做正确，只要告诉孩子正确的方向在哪里，然后陪着他们一块儿往那儿走就行。

04
建立高质量
的亲子关系

相信经过上文的讲述，家长们已经知道什么是有准备的环境，那么如何做有准备的成人呢？答案就在亲子关系中。在宝宝 0~3 岁阶段，如果说家长在教育或者养育方面只能做一件事情，你会做什么呢？我的答案是，建立高质量的亲子关系。

蒙氏老师说：

什么叫高质量的亲子关系？就是让孩子知道爸爸妈妈是爱他的，他也很爱爸爸妈妈。家长和孩子亲密的关系，能让孩子感受到自己是被尊重的、被爱的、被珍惜的，遇到危险的时候也会寻求家长的帮助。

拥有高质量亲子关系的重要性不仅仅是这些，要知道孩子与母亲（或者第一照料者）之间的这段关系，是人生一切关系中最原始和最初的模型。我们跟同事的关系，跟朋友的关系，和伴侣的关系，甚至跟世界的关系，都来源于与第一照料者之间的关系。孩子只要能从第一照料者这里得到足够的爱，就会成长为独立、自信、充满安全感、充满力量、自尊自爱的小朋友。

如何建立高质量的亲子关系呢？其实只要从日常与孩子的每一句对话、每一次陪玩中不断去和孩子进行有礼貌的互动，让孩子感受到自己被尊重就可以了。例如，早上孩子起床后，家长先不要催促孩子上厕所、洗漱，可以先和孩子打个招呼说："早安宝贝！昨晚睡得好吗？"孩子会觉得，家长把他当成一个成人去问询他，这会让孩子很享受，也愿意和家长分享他的感受。充满尊重和关切的询问代替严厉的催促，会让早上的时光更加从容、温馨，开启家长和孩子一天的好心情。

高质量的亲子关系，离不开高质量的对话。当孩子处于语言敏感期时，和父母对话就是他们学习语言表达的重要途径。然而对话的作用不仅如此，通过对话，孩子也能学习到父母的思维逻辑。因此，在日常生活中，抓住与孩子沟通的每一次机会，提供高质量的对话，在早期教育阶段尤为重要。

蒙氏小技巧：

如何与孩子开展一段高质量的对话？

家长需要遵循以下3个原则：

1. 尊重　　2. 准确　　3. 传达爱意

①——尊重

尊重是什么意思？如果你和老人说话，语速特别快，或者声音特别小，是不是会显得很不尊重老人？因为老人的听力比较差，反应也比较慢，所以我们跟老人说话的时候声音往往会大一些，语速会慢一些，解释的话也会多一些。

小朋友的认知过程也是很慢的，思考能力比成人弱。所以我们跟孩子说话，也要说他们听得懂的语言，除了语速要慢一些，还要尊重他们的节奏。但是很多家长跟孩子对话的时候，往往等不及他们反应。

2 —— **准确**

家长要向孩子传递准确的信息，学会给孩子做生活的旁白。因为小宝宝是刚刚来到地球的新人类，对地球的一切都充满好奇，他们需要优秀的向导。什么是优秀的向导呢？就是能告诉孩子生活为什么会这样，该怎么样生活的人。

比如小朋友刚刚起床的时候，他看到爸爸去窗户边，伸手"哗"的一下，窗帘就被拉开了（成人的动作对孩子来说非常快）。然后爸爸的手又在窗户把手上晃一晃，窗户打开了，风又吹进来了。这一切成人觉得稀松平常，仅用肌肉记忆、机械动作就能完成。对于小朋友来说，这却很神奇："爸爸怎么打开的窗户？屋里为什么有风了？"他们想要了解生活现象的因果关系。从窗户进来的光线非常刺眼，孩子又要反应半天："房间里为什么突然这么亮？"有些敏感的孩子甚至会因为无法适应光线的强烈变化而哭起来。

所以我们要耐心地给"新人类"做实况解说，解读生活中每个平凡日常，预告接下来家长的举动。例如爸爸可以说："外面的天亮了，爸爸把窗帘慢慢拉开，我们看看外面的太阳亮不亮？"家长这样缓慢地、准确地，把要做的事情解释给孩子，就是最好的语言教学以及最好的生活向导。孩子知道接下来要发生什么，他就有时间反应和吸收，有时间思考因果关系。慢慢地，你就会看到一个在日常生活中愿意跟家长配合，也有能力配合的小朋友，而不是一个只会哭闹的熊孩子。

其实我们眼中的熊孩子，大多是因为他们对外界无所适从，理解不了、参与不了有规则的成人世界，他们探索、了解世界的强烈本能，被成人快节奏、高效率的养育压抑了。他们成长的内在需求得不到满足，那能做的只有耍赖、试探、崩溃，因为没有人有耐心去为他们做向导、为他们解释，陪着他们慢慢走进这个世界。

③—— 传达爱意

亲子关系中，表达非常重要。在任何一次表达中，如果你想让孩子愿意听你说的话、喜欢听你说的话，最重要的就是传达爱意、建立关系。每一句话都充满爱意，每一个眼神和动作都在告诉他你很爱他，只有这样，孩子才会感到情绪放松，才能更好地配合你。哪怕你是在教育他，或者说他不爱听的话，比如，我们该睡觉了，我们该回家了，都应该在让孩子感受到爱意的前提下，温柔而坚定地表达，这是与0~3岁孩子沟通的关键。

蒙氏老师说：

教导孩子之前，先处理好孩子的情绪。当孩子已经情绪崩溃、大哭的时候，往往是不需要跟他讲任何道理的，因为此时他的理智脑已经失控，处理信息的能力有限。试想一下，即使成人在崩溃的时候，也会听不进去别人说的任何道理，而且很多道理会让人越听越愤怒，孩子也是一样的。我们要学会用沟通表达爱，让孩子知道我们的关系是牢靠的，让孩子在亲密关系中放松下来。孩子的情绪平复了，理智脑恢复工作，他才会更好地理解和配合你。

研究发现*，当婴幼儿感到放松愉悦的时候，他才能更好地学习和吸收知识，开发他的大脑。因为大脑长期处于压力之下，会分泌压力性激素，比如皮质醇。皮质醇会抑制大脑的神经元活力，对孩子的发育造成负面影响。爱是早期教育的核心，是让人放松的温馨港湾，所以多跟孩子表达爱，你才会收获拥有聪明大脑的孩子。

▶▶▶ 注：20世纪80年代，北京大学和丹佛大学的研究团队通过实验证明，不同的情绪状态对幼儿智力活动有不同的影响，愉快情绪对进行智力活动有明显的优越性。具体研究出处见参考文献[1]。

从宝宝醒来到起床活动，是一段非常短暂的时光，但也是家庭教育的重要时机。很多家长会觉得，平常工作日的早晨是很匆忙的，效率第一，教育只发生在早教课堂或睡前读书时间，所以不需要耐心跟孩子打招呼。那你是否可以在周末的早晨留出一段时间，给孩子做高质量的"生活旁白"，和孩子一起收拾床铺，让孩子享受到宝贵的亲子互动时光？

因为0~3岁的孩子出于生存的本能，大脑最感兴趣的事情就是活下去，搞清楚怎么样生活。在人类漫长的发展过程中，新生命降临到新的环境，基因本能让新生儿想活下去，他们要适应当时当地的生活，先要去看、去观察这个地方长什么样子，人们怎么吃饭，人们怎么沟通，等等。

小孩子对他最亲密的人和身边的生活是最有兴趣的，兴趣就是学习的机会。宝宝早上起来，吃饭、穿衣服，不仅仅是为了自己吃饱和不冷这么简单，孩子刚刚开始学习生活，他想弄清楚这些流程。所以家长应该把生活的速度放慢一点，让孩子有机会观察、理解，和你一起慢慢地去体验生活。如果我们放慢速度，做好孩子生活的向导，你会发现，养成一个有合作力、愿意表达、在生活中通情达理的"蒙氏宝宝"，其实也不是那么难。

家长实践

① 根据宝宝月龄，为宝宝打造适合的睡眠环境：

➤ 对于低月龄的宝宝，如家里无法提供提篮和地板床，可以在爬行垫或软硬适中的平坦处，给宝宝足够空间自由活动，支持宝宝获得身体动作的协调发展。

➤ 对于能站立、攀爬的宝宝，如家中没办法提供地板床，可在正常高度的床边放上踏步凳子或斜坡软垫，帮助宝宝能够独立上下较高的床，感受自由移动的快乐。

② 宝宝起床后，引导宝宝和你一起收拾床铺：

▶ 对于低龄宝宝，不应该过早期望他们练习叠被子等高难动作，应循序渐进地引导他们参与到日常家务活动中。早期阶段，家长请宝宝一起把他们的小被子、小枕头放在床上即可，随着孩子能力和兴趣逐渐提高，再一点点教会他们整理床铺。

▶ 孩子参与日常生活练习，是对生活的学习，也是身心发展的锻炼。家长不要过分在意孩子完成家务的质量，应该多鼓励孩子，保护孩子的积极性，包容孩子的不完美。

③ 用本章学的三个原则，和宝宝进行高质量的对话：

▶ 和宝宝讨论他们喜欢的玩具或绘本，比如宝宝喜欢绘本里哪一个小朋友。6 岁以前，孩子推理能力很有限，对越小的孩子越要谨慎提问，以免给孩子带来压力。孩子回答之前可能会思考半天，要耐心等待。如果孩子小或语言能力有限，不知道怎么回答，家长可以进行二选一的提问，例如：你喜欢这个车车，是因为它可以"嘟嘟"响，还是因为能闪光呢？

▶ 周末假期，多带孩子去超市、餐厅、动物园等能获得丰富体验的场所，有利于孩子的成长。无论去哪里，请在去之前，认真告诉孩子行程计划，比如要去的地方叫什么名字，为什么要去这个地方，我们会如何到达，到这个地方我们要做什么，等等。这样可以帮助孩子更好地感受出行的乐趣，并能让孩子更好地配合大人的安排。

▶ 如果孩子语言认知能力发展得比较好，可以给孩子设计出行的小任务。比如：在画展中找到某幅画并合影，在公园捡一片银杏叶，在超市找到最喜欢的商品区。家长可以用手册、照片、视频等形式，收集记录下孩子的出行点滴，定期回顾讨论，这将成为给孩子的最好的认知及语言发展材料。

　　0~3岁早期教育的关键，不在早教中心和益智动画片里，而是在亲子生活的每一件小事中。家长要从一日生活、从家庭环境、从每天与孩子的互动中开始科学早教。在这个阶段，亲子生活中的每一件事都是教育。

　　当代家长忽略了最重要的生活教育，忙着让孩子认字、学英语单词、数数等，把3岁之后要学的内容拿来抢跑，希望孩子赢在起跑线上。但0~3岁孩子的心智正处于发展心理学大师皮亚杰界定的"感知运动阶段"，他们是感官体验的学习者，不具备抽象思维能力，所以抢跑没有意义，反而会错过该阶段的学习任务。

　　0~3岁的孩子有更重要的成长任务，即通过体验、感受真实的生活，感受到生命最原始的安全感和自信——"我能活下去！"。这个深层次的安全感，决定了未来人生中孩子面对逆境、挫折、挑战的时候，内心深处那股无法解释的力量——"我能行！"。这份自信也是孩子未来成长中形成独立健全人格的基础，是我们养育者送给孩子最好的人生礼物！

第二章
自己穿衣服

01

了解0~3岁
儿童的发展
特点和目标

在本章的开始，我要推荐您阅读蒙台梭利的著作《家庭中的儿童》，这本书是当年蒙台梭利写给世界上第一所蒙氏幼儿园"儿童之家"（由她本人创办）的学生家长们的。这本书也是蒙台梭利学校进行"家园共育"的最好教材，能帮助家长理解、认同、践行和园所一致的教育理念。

这本书很薄，且通俗易懂，不像蒙氏其他的经典大部头。如果您拿来看一看，可能会给您的家庭育儿实践带来许多实用的建议和启发。

这是《家庭中的儿童》中的一段：

此刻，婴儿娇弱的生命之花绽放开来，他们开始有了意识，开始感知周围的环境，在自我实现力量的驱使下，肌肉也开始活动了起来。儿童的这种内在努力，必须受到尊重。我们必须无条件支持儿童的内在努力，因为这段时期是儿童人格发展定型的关键期。既然肩负着如此重任，我们就有义务尝试着去了解儿童的心理需求，并且为他们准备一个符合其需求的生长环境。

育儿观察

如果细心观察新生儿，您会发现新生儿的许多动作，在刚出生的时候是不协调的，如身体的扭动。因为新生儿的身心尚未一致，身体的大部分动作来自生理本能反射，而不是大脑的主观意愿，所以新生儿不能自如控制自己的身体。他们需要夜以继日地尝试和练习，最终通过翻身、坐立、爬行，慢慢成为能直立行走的人类。

孩子在 0~3 岁之间的动作练习，不仅能让他们动作协调发展，也能让他们在成长过程中积累经验，建立起关于自我身体和能力的认知，这就是儿童发展过程中的身心协调。所以成人与 0~3 岁孩子的每一次互动，和孩子每一天的生活，都在塑造着孩子未来一生的自我认知、解决问题的模式、控制情绪的方式、建立亲密关系的模式等等。

在第一章，我们反复提到过新生儿成长的首要目的，是学会成为当时当地的人、能够适应生活的人。这个最本能的生理需求，是人类基因绵延几百万年的秘密。每种生物，小到一粒种子、一条毛毛虫，大到一只鸟儿、一头大象，都蕴含着这种生生不息的、顽强的、持续的、强烈的内在驱动力。

养育者要如何回应新生儿这种强烈的求生欲望？答案就是为孩子提供符合其内在需求的生长环境。环境给予了孩子积极正面的反馈，才会让他们的成长步伐稳健又自信，他们内心深处关于生存的不安全感，才能真正被安抚！

所以，0~3 岁的孩子最重要的成长目标其实是学会生活。蒙台梭利博士把"学会生活"拆分成了 3 个具体的小目标：

1. 照顾自己（拥有自我照料的能力，是自信心的开始）
2. 照顾环境（关注身边环境，是责任心的开始）
3. 照顾他人（社交合作的开始）

养育者创造出让孩子能学会、能掌握、能顺利地获得这 3 种能力的生长环境，就能很好地支持孩子的成长。下面就让我们从日常生活中"穿衣服"这件小事开始，学习开启孩子"独立人生"的第二课吧。

02
让孩子自己
穿衣服的
环境准备

环境就是课程。蒙氏教育倡导打造顺应婴幼儿成长需求的养育环境，环境打造好了，很多养育问题就会迎刃而解。

现实生活中，许多家庭给孩子准备了玩具柜或者衣柜，但孩子还是会经常乱翻东西，把柜子弄得一团糟。这是因为成人传统的收纳方式太复杂，太困难，不适合婴幼儿当下控制身体的能力和大脑认知水平。因此，这里提供给大家 3 条收纳原则：

蒙氏小技巧：

1. 标签清楚　　2. 高度适合　　3. 数量适宜

① ── 标签清楚

婴幼儿衣柜收纳应分类清楚，且每个分类都可以用一格格小盒子，里面可以看得清清楚楚，上面还应有明确的图示标签，例如袜子盒上的标签就是袜子的图示标志，内裤盒上的标签就是内裤的图示标志。

② ── 高度适合

衣柜或收纳架要适合婴幼儿的身高，最好在婴幼儿眼睛平视能看到的视线范围内，太高太低都不适合。如果宝宝很早就开始自己取衣、穿衣，他们就会具有非常好的"前期经验"*，家长用一格一格的收纳盒来放衣服，他们也不会弄乱。但对还没建立起抽取折叠衣服能力的小朋友来说，从收纳盒中拿衣服还比较难，所以有条件的话，家长们可以用衣架把衣服挂起来，这对孩子来说是更容易的选择，小朋友能自如取放，也不会把衣服搞得一团糟。

▶▶▶▶ 注：前期经验指幼儿在参与某项活动时，通过之前的学习实践，已经掌握的知识经验，也叫前经验。

③ —— **数量适宜**

当物品的数量少了，收纳才会有意义，才能清晰，取放自如。数量太多，超出孩子的能力掌控范围，再怎么高超的收纳技巧，都不可能收纳完美。所以我们不要给婴幼儿提供过量的衣物。

宝宝的衣服可以很多，但是婴幼儿自己的小衣柜里面，不需要放进他们所有的衣服。每天放 1~2 套孩子今天要穿的衣服就可以了，因为二选一是最适合 0~3 岁儿童认知水平的选择。

以下是推荐给家长参考的衣架和收纳柜：

▲ 宝宝的衣架

这两个收纳工具，一个简单，一个豪华。左边的用一个架子就能完成任务，上面就挂 3 件衣服，衣服样式一目了然。右下方的柜子还有 6 个整理箱，箱子上贴有很明确的图示标志，衣物分类十分清楚。

通过清晰有条理的环境，孩子慢慢地就会明白"我的衣服穿完了要放在哪里，我要穿的衣服去哪里拿"，而不需要恳求成人。凡事都要求人的感觉，会让婴幼儿感到强烈的不自信、不独立、不自由。而当婴幼儿想穿哪一件衣服，就知道去哪里能拿到、能把它穿上，这种自我掌控的穿衣过程，会给孩子极大的自信心和独立感。

▲ 宝宝的衣服收纳柜

除了衣柜布置合理之外，上一页宝宝的衣架旁还设置了全身镜。穿完衣服后照一照镜子，这是现代人类的本能，但是大人常常会忽略了孩子爱美的本能，往往会按照自己的喜好，直接告诉他们："这身衣服挺好的，就穿白上衣和黑裤子吧。"这样等孩子大一点，就会越来越不配合大人，出现自己想要穿，但大人觉得不合时宜的情况，因为养育者没有让孩子在前期参与进来，一点点习得选择、搭配衣物的经验和常识。

当衣服穿好后，孩子看见他自己的搭配，家长可以这样问他："白色的上衣，配灰色的裤子，还有黑色的鞋，颜色搭配非常和谐，穿着也舒适，我很喜欢，你喜欢吗？"像这样在穿衣过程中教育孩子怎么样选择衣物、怎么样搭配衣服，让他们掌握根据天气情况增减衣物的常识，还有不同场合的着装要求，对孩子来说也是特别有用的知识。

蒙氏老师说：

在蒙氏教育代表作《生命重要的前三年》中有这样一段文字："婴儿时期，人类需要通过运动发展来建立内在的自信，12月龄之后通过外在生活体验，建立外在的自信，内外的自信是人格健全的两条腿。两条腿缺一不可，作为婴幼儿照料者（父母、祖父母、早教人员等）要提供环境，让孩子养成内外自信。"

03

家庭穿衣
环境案例

看完上一节中展示的幼儿衣柜，有家长可能会问："我们的家庭环境没有那么大的空间呀！"平时我在社群分享的时候，家长们也常常会告诉我："恨不得把家里东西全扔掉，重新设置孩子的环境。"在这里，我想强调的是，我们应该因地制宜地创设家庭环境，丰俭由人。这其中最重要的原则是尊重孩子，让环境为孩子服务，并随着孩子的需求和年龄不断调整环境。

下面和大家分享两个极度简约版案例：

▲ 双胞胎小朋友的衣柜

左图中是一对双胞胎小朋友的衣柜，他们已经上三年级了。这对双胞胎的衣柜很高，但在衣柜的左下角，妈妈贴心地为他们准备了一根撑衣杆。一根小小的撑衣杆，就解决了衣物不好取放的问题。可以想象，小男生每次自己用撑衣杆取衣服的时候，都会获得成就感和乐趣。

衣柜下面的空间，在孩子够得到的地方，妈妈用4个收纳盒子，分别装手套、帽子、内裤和袜子。这些比较小，但是需要经常替换的衣物也很容易就收纳好了。想想看，如果每天都要换洗的内裤和袜子挂在高处，是不是就没有那么方便随取随用了？最后，我们还看到，衣柜左右两扇门上挂着校服。校服是每天都要穿的，所以应当放在能够最快拿到的地方。校服单独挂在门上，没有和其他衣服挂在一起，就帮孩子省去了寻找校服的时间。

拥有这样的穿衣环境，这对双胞胎就能让他们的衣柜一直保持整齐，因为衣物摆放的规则是清楚的，分类也是清楚的，孩子有能力自己掌控。

整齐又能掌控的环境，孩子就特别愿意维护好。很多时候，如果孩子把环境弄得乱糟糟，大人就要思考："是不是收纳规则不清晰？是不是摆放没有逻辑条理？"环境合适了，自然能激发孩子收纳自己衣服（或其他物品）的兴趣。

我们再来看看另一个案例。下图是一个 1 岁多的小宝宝的极简穿衣环境。从这张图中，我们可以看到：

1. 可粘贴的镜子　2. 可粘贴的挂钩　3. 两个小衣架

▲ 1 岁多小宝宝的极简穿衣环境

每天出门之前，家长把孩子的两套衣服搭配好，挂在衣架上让孩子自己选择；选完之后小朋友穿上衣服，照一照镜子，拉开门就可以出去了。整个过程一气呵成，没有多余的事情，这样一个简单的穿衣环境，照样能满足孩子想独立自主、自己掌控环境的需求。

蒙氏老师说：

　　孩子不会挑家里的衣柜是不是实木，衣服是不是名牌，他们只会看到镜子中的自己。当他们能靠自己做成一件大事，一件穿衣打扮的大事时，他们会感到很满足。

04
给孩子选择
衣物的训练

在上一节穿衣环境案例中，我们看到了1岁多的宝宝的家长，已经给孩子准备两套衣服让她练习做选择了。很多家长可能会有困惑，让孩子练习做选择有什么用处呢？孩子什么年龄训练他做选择是合适的呢？

"让孩子练习自己做选择"是蒙台梭利教师培训中的重要内容，是帮孩子养成自律品格的重要方式。很多人将自律理解成"知道自己不能做什么"。其实，自律更重要的是知道自己可以做什么，也知道自己不能做什么。因为充分理解规则，才能充分享受自由，这才是更高境界的自由。引用孔子的话就是："从心所欲不逾矩。"就好像一个舞者，只有先充分了解舞台的边界，然后通过练习了解自己舞姿中每个动作的最大幅度，最后才能自由地在舞台上表达自我而不用担心出错摔伤。而练习选择，就是让孩子知道自己能做什么的过程。

那什么时候开始引导孩子练习比较合适呢？其实在孩子1岁左右自我意识开始萌发的时候，就可以让他们练习自己做选择，练习在家庭和社会规则下表达自己的需求。

孩子的每一个选择是自己抉择出来的，而不是家长告诉他们这么做，家长强迫他们这么做，或者家长生气了他们才这么做。被胁迫的服从不叫自律，恐惧和压抑下的服从只会破坏孩子的自我意识。

选择的意义是巨大的：选择能带来自主感，让孩子感觉自己有价值；还可以让孩子去思考，在思考的过程中获得知识和判断能力。

比如在让孩子选择穿牛仔裤还是帆布裤子的过程中，他们会知道两种裤子不一样。他们会慢慢理解，为什么父母只给自己这两种选择，其实是背后蕴含着规则——现在天气比较冷，应该穿长裤。这项基本生活常识在选择中内化进孩子心中，孩子自己领悟到的，比家长唠叨一百遍都有用。这种自发的领悟也会让孩子更自信，因为家长的说教即使再温柔，也会让孩子感到挫败。

如果孩子的判断能力越来越强，我们可以增加选项数量，给他们 3 种选项，甚至让他们在衣柜里面挑选，尝试自己搭配衣服。尽管刚开始孩子的搭配不一定是完美的，但仍要给孩子一些自己决定的机会。

🔺 蒙氏家长给孩子的搭配选择(湖南安化县张乐微妈妈拍摄)

育儿观察

　　我朋友给我讲过这样一件事，有一天天气比较冷，而她的孩子想要穿短裤出门。我朋友这样判断："我能承受孩子穿短裤出去着凉感冒的后果，如果孩子也同样能承受，那我就尊重孩子的选择。"和孩子沟通后，孩子就穿着短裤出门了。但我朋友在出门之前，默默地带了一条长裤。

　　出门后小朋友果然觉得很冷，这时我朋友跟她说："你感觉很冷吧？因为不同的天气，我们要穿不同的衣服。如果穿得不合适，身体不仅感觉不舒服，还可能会生病，要打针吃药，所以我们要学会照顾自己。妈妈刚好多带了一条长裤，你穿上就会暖和一点了。你要换上吗？"

　　在上面的案例中，我朋友的孩子既实现了自我意志，也学习了挑选衣物的技巧。当给孩子自主选择的机会后，我们会惊喜地发现，孩子的能力在一次次选择中获得了提升。孩子选择的经验增多后，就可以给他们更大的选择空间，而这个过程，一定要先从他们有选择机会开始。我们大人要注意不能强迫孩子，或者是要求孩子怎么做，因为没有选择权利的小孩子，自我意识一般很难得到发展。

05

如何给孩子
提供合适的
选项？

现在家长们已经知道让孩子做选择的重要性了。那么具体如何实践呢？这里有一些小技巧提供给大家。

蒙氏小技巧：

1. 从两个选择开始

2. 给孩子理解能力范围内的选择

3. 选择空间要跟着孩子的成长扩大

1 只提供父母可以接受的两个选择

例如，我们可以问孩子"你想穿运动裤还是牛仔裤？"，而不是问他"你想穿什么啊？"。因为孩子可能会说想穿泳裤。

有时候因为要赶时间送孩子去上学，家长在给孩子选择时，匆忙中往往会忽略"自己可接受"这一点，因为过分尊重孩子，反而造成家长无法解决的困境。例如早上问孩子："你想吃什么？"孩子回答："我想吃冰激凌。"拒绝孩子，又是一轮无谓的斗争，家长就这样陷入了困境。我们可以这样问孩子："你想吃煎鸡蛋，还是煮鸡蛋？"要记住，我们给孩子的是有限制的自由。

2 我们给孩子的选择必须是孩子理解能力范围内的选择

比如"早餐吃什么？"这个问题，有时候我们成人自己都不知道答案，所以不要拿我们自己都没有明确答案的问题去问孩子。

家长要明确尊重的范围与界限，养育中尊重很重要，但一定要掌握尊重的科学性。超出孩子能力范围和认知范围的尊重，就不叫尊重，叫放纵。这种过度的自由，会让孩子陷入迷茫和无助，像没考驾照的人在马路上开跑车，超出能力范围了，这样的自由是麻烦。

育儿观察

在生活中，很多时候家长也会犯类似的错误。

比如我曾经在亲子课上碰到过一位妈妈，下课后，她问孩子："宝贝，妈妈现在去上个厕所，你在教室里面等我一会儿，好吗？"只有两三岁的婴幼儿能说什么？根据自我意识萌发期*的特点，他回答："我不要。"

妈妈陷入了困境，然后出于母爱，她勉强回答："那妈妈再忍一会儿。"我当时就笑了，跟她说："上厕所是人的生理需求，这件事连你的父母、领导都不能限制你，你为何要询问、听从一个两三岁的小朋友？"

③ —— **随着孩子能力的提高，家长需要扩大选择的范围**

孩子认知学习进步的速度非常快。当你发现，二选一不能满足小家伙了，家长就要逐步增加选择的难度了。难度的提高反而会增加乐趣，提升孩子参与感。还是早餐时间，当你问孩子："吃煎鸡蛋还是煮鸡蛋？"孩子回答："可以吃冰激凌吗？"这时就可以增加选择难度了。你可以和他们讨论冰箱有的食物，给出第三个选项，当然不可以是冰激凌。

▶▶▶▶ 注：心理学家将个体在 3 岁左右表现出强烈的意识和行为独立倾向的时期，称为"第一反抗期"。这一时期的儿童具有自作主张和独立自主的需要，常常拒绝父母的提议和帮助，有各式各样的争辩和反抗行为，情绪波动大，有时表现得爱吵架、爱发脾气、非常好斗，或者十分胆怯、爱哭。德国心理学家彭勒称此为"对抗性的危机"。父母在这一关键时期的正确引导，对儿童的独立性、主动性、自尊心等自我意识能力的发展十分重要。

06
婴幼儿衣物
的挑选，
以及如何让
婴幼儿学会
穿脱衣物？

在训练婴幼儿穿脱衣物之前，家长应当学会选择婴幼儿的衣物。家长们常会有一个误区：喜欢按自己的喜好给孩子挑衣物。

比如我自己就喜欢小男孩穿得比较成熟，我家小朋友衣服上几乎都没有印花，更不要说卡通形象。我喜欢他穿衣服的风格跟他爸爸的一模一样，比如小小 Polo 衫，但这都是我个人的喜好。所以当孩子要买有动漫形象的 T 恤衫时，我就很抵触，但我也及时察觉，这是我自己的问题。

我们家长不要小看衣物，衣物也是环境的一种体现——能支持孩子成长，支持他们身心合一。因此，家长应该按照以下 3 个原则来挑选，而不是一味只按照个人喜好去选择。

蒙氏小技巧：
1. 安全　2. 舒适　3. 方便

①——**安全**

家长需要从款式和材质两方面为孩子选择安全的衣物。

首先，在款式方面，给孩子的衣物尽量不要带有装饰性的、不必要的小零件，例如小扣子、亮片等。因为 3 岁之前的幼儿，存在口欲期，可能会把这些小零件吃进去。如果实在避免不了，家长一定要定期检查小零件的牢固性，一旦小零件脱落后被孩子吃进去，是很危险的。

另外家长要注意衣物上的线头。不要小看线头，尤其是手套、裤兜里的线头，它有时候会缠到孩子的手指，造成手指缺血，甚至坏死的后果。

还需要注意，过长的东西都不适合0~3岁婴幼儿。比如丝巾、皮带、连帽衫帽子里的抽绳、裤腰里可以拉出来的抽绳等，要避免购买带有这些"长绳"的衣物。在给婴幼儿选择围巾时，也要注意选择短一些的围巾，而不要选择成人式样的长款围巾。在孩子玩耍的时候，长绳或者长围巾很容易被钩到、卡住，甚至勒住孩子的脖子，造成窒息的危险。

在材质方面，选择婴幼儿衣服、用品，特别是贴身物品时，一定要看衣服吊牌上的安全类别是否标注了属于A类。A类是我国36个月以内（包括身高100厘米以下）的婴幼儿纺织产品的安全标准，代表着纺织产品最高的安全级别，选择这类衣物不会危害孩子的身体健康。

❷——舒适

纯棉材质的衣物不仅穿着舒适，也便于反复清洗。但是有些面料娇贵的衣物清洗时需要注意很多，不方便经常清洗，而孩子穿的时候肯定会弄脏，弄脏后家长就会很介意。无形中，家长会限制孩子的动作发展，限制孩子探索。其实，与保持衣物干净相比，孩子更大的使命是探索世界。0~3岁的孩子都是繁忙的运动小健将，需要不停地运动来发展身体能力。就像我们不可能穿着西服套装或其他没有弹性的衣服去运动一样，我们给运动小达人准备的衣服也一定要有弹性，以宽松舒适、易于清洗的材质为主。

因为孩子的活动量比成人多得多，所以我建议给孩子穿得要比大人少。如果你发现小朋友的手心冒汗，其实他已经过热了，因为孩子的汗腺没有那么发达，如果手心出汗的话，说明他已经热得不行。所以家长要注意孩子的衣服厚度，及时去调整。

❸ —— 方便

先来看看鞋子。优先推荐有皮筋松紧口、往脚上一套就能穿上的鞋子；其次，推荐有魔术贴粘扣的鞋子，小朋友自己也能扣上；最后，就是系鞋带的鞋子，我不推荐婴幼儿期的孩子去穿系带的鞋。如果家长已经买了这样的鞋，可以在网上购买免系鞋带，这种鞋带两头有固定的地方，能让小朋友把系鞋带的鞋子用一脚蹬的方式来穿。

再来看看衣服的选择。上衣选择套头款是最好的，然后是开衫，不推荐紧身或太时髦的款式。家长要注意给孩子买大小合适的衣服。因为相对比较合身一点的衣服，孩子运动起来更舒服。我特别理解家长的一些做法，比如孩子长得很快，家长们会为了追求衣服能多穿几个月，而给孩子买太大的衣服。但衣服太大就会有不安全的因素，比如裙子的裙摆过长，超过脚踝，那孩子很容易踩到裙摆摔倒。而且过于宽大的衣服孩子穿上也不好看，在一定程度上会影响孩子的自尊心，让孩子感到自卑，所以衣服最好还是买合身的。

再次，推荐拉链类的衣服。这类衣服在穿着时，大人可以先把拉链的底部卡上，让孩子只练习往上拉的过程，当孩子的动作慢慢熟练，再让他们自己练习把拉链扣上。

最后，推荐有纽扣的衣服。大纽扣对小朋友来说确实具有挑战性，但随着孩子年龄增长，我们可以去买有少量大纽扣的衣服让孩子有机会练习，促进孩子手指精细动作的发展，比如背带裤。

儿童衣物除了有不同的穿脱方式外，款式也多种多样。我建议家长多给孩子购买运动装。安全舒适、价格实惠的运动装，很适合热爱运动、又长得很快的小宝宝。

有时候，尽管家长准备好了合适的穿衣环境，准备好衣柜，买好了衣服，但在孩子穿衣服的时候，还会有很多的问题。我们可以用 3 个步骤引导婴幼儿穿脱衣物。

步骤①：从第一次给孩子穿衣服开始，就缓慢、清楚地解释穿衣服的每个细节。

为何要跟孩子解释穿衣过程中的细节？因为穿衣服是跟孩子进行语言练习的好时机；穿衣服能让孩子练习与家长配合互动，是亲子沟通的好时机；也是引导孩子学习穿衣基本常识的好时机。所以，在孩子还没满月的时候，家长就可以跟他说："宝宝，现在妈妈/爸爸要抓起你的小胳膊，帮你把小胳膊伸进衣服的袖子里了。你把小手伸出来，我把衣服往上拽一拽。"

家长一边做一边解说的过程，是孩子学习词汇、语法的过程，是让孩子明白接下来要发生什么的过程。过程中的讲解会让家长的动作变得更轻柔，让孩子更能理解和配合家长。

在国际上流行的尊重式保育护理的课程中，我们惊奇地发现 10 个月的婴儿，经过妈妈一次一次的沟通引导，能够在换尿不湿的时候把自己的小屁股抬起来，贴心地配合妈妈调整尿不湿。所以当你给予孩子适合的环境和恰当的引导，孩子就会爆发出来令你震惊的能力。

步骤②：当孩子逐渐有能力自主做事情的时候，家长和他们一起做任何一件事情时，都要传递一个信念——"穿衣服是你的事情，但妈妈／爸爸愿意帮助你，我们一起完成"。

比如穿鞋时，家长可以把鞋的口开大一点，但是要让孩子自己把脚伸进去，而不是拿起孩子的脚，塞进鞋子里；穿衣服时，家长可以把袖口撑开，让孩子自己把胳膊伸进去。然后每次都尽量少帮一点，时刻观察孩子是否在进步，适时退出一点，再退出一点。

总之，父母和孩子是配合的关系，而不是家长很辛苦地服侍孩子。家长千万不要在孩子看动画片、听故事时给孩子穿衣服或者喂饭，那是在"训练"孩子三心二意，会让他们身心不协调，导致孩子动作和意识不同步。

步骤③：固化流程。

我见过 2 岁左右的幼儿完全有能力自己把衣服穿上，这时家长就要尽量固化他们的穿衣流程。每天早上把衣服摆在固定的地方：比如床上、沙发上、小地毯或者小地垫上等。然后引导孩子按顺序穿衣，比如先穿上衣再穿裤子，最后再穿袜子。家长也要按顺序把衣服依次摆好、铺平，把方向摆对。同时也要思考如何帮助孩子，把穿衣服的每一个动作分析讲解、示范给孩子看，帮助他们尽快学会。家长每天早上给孩子固定的流程、固定的空间以及足够的时间，他们就会慢慢内化流程，形成习惯。

蒙台梭利园所里有一种"飞起来"的穿衣服的方式。教师要把衣服反面摆过来，衣领标签冲着小朋友，袖口打开，让他们能把手伸进去，让衣服翻面"飞"过去，就穿上了。希望家长也可以找到给自己孩子的穿衣妙招。

🌲 飞起式穿衣步骤图解

　　最后还有很重要的一点，家长要耐心等待孩子学习的过程，接纳这个过程中孩子的不完美、赖皮和反复。有时孩子突然退步很多，耍赖让家长帮助穿衣，家长就会想："如果我帮助他，那之前的好习惯就会前功尽弃，我不可以帮助！我要跟他对峙！"但这样做的结果就是两败俱伤。

　　每个孩子都有个体差异，他们的起点不一样，优势不一样，解决问题的速度和节奏也不一样。我们把环境创造好之后，接下来就是静待花开，在孩子需要帮助的时候及时提供帮助。

比如孩子的衣服没有穿好，我们就耐心地帮他调整一下；如果他已经会穿，可他今天就是不想自己穿，那家长可以问他："你特别想让我帮助你，是吗？我知道你自己能穿上，如果你希望我帮你的话，我愿意帮你，因为我很爱你，但我希望明天你能够自己把衣服穿上。"

家长可以告诉孩子你希望他们做的那个方向，但不必要求他们一定马上做到，或者每次都做到。家长希望孩子自己穿衣服，但也要愿意协助孩子，接纳孩子的反复和失败，这样孩子才更愿意自己做，会重新充满能量，一次次去挑战自己，最终成为独立、自信、坚强和顽强的小大人。

07

我们的生活
重在过程，
而不是目标

孩子穿衣时分不清袖子的左右，总会把衣服穿反，或者把鞋子穿反等，怎么办呢？没有关系，生活重在过程，而不是目标。和孩子一起解决问题的过程，才是我们想让孩子做这些事情的真正目标，因为过程中蕴含着生活教育的真谛。

育儿观察

你如果仔细观察低龄的小朋友，会发现他们不管是在散步、吃饭，还是玩游戏时，都不在意结果。他们更在意过程，因为他们是"新人类"，他们第一次到这个世界，生活的每一个瞬间都充满吸引力，充满新鲜感。在一次次重复的过程中，孩子掌握动作、体验触感、分辨声音，比较自己每一次的体验和进步，从而记忆顺序、预测结果，这一切就是成长。

其实家长也应该学着和孩子一样用开放的心态面对生活中的挑战。比如我们说"穿裤子时要区分裤子的正反"，然后孩子会问"怎么区分？有的兜在前面，可是有的兜在后面；有的商标在前面，有的商标在后面"等等。这时我们可以和孩子一起去想："咦，为什么这条裤子跟别的裤子不一样呢？为什么这个是正面呢？"我们如果用开放的心态解决问题，就能寻找到乐趣，开启游戏。引导小朋友的过程中一定要有点游戏的感觉，这样效果会更好。

如果您平常是相对比较冷静、比较理性的家长，跟孩子互动过程中可能会吃亏，因为如果您和孩子去针锋相对、据理力争的话，问题就容易陷入僵局。比如想让孩子排队，家长就可以采用游戏的方式说"我们开小火车啦！"，或者用其他有趣的方式来引导小朋友，他们会更愿意去做。

蒙氏老师说：

孩子是很单纯的，只要他觉得有趣，就愿意去做。怕就怕大人的情绪一下紧张起来，严肃起来，这种压力会让本来想做事的孩子也变得很不情愿。

过程非常重要，因为在过程中孩子不仅能获得解决问题的能力，还可以发展规则意识。虽然前面我们强调家长需要接纳孩子学习过程中的不完美和反复，但家长也需要进一步分辨孩子退步的原因：是累了，饿了，还是身体不舒服？或者他只是单纯想挑战规则。关于规则，家长需要给孩子画一条规则"线"，即不能违反的规则，并明确告知：不要碰这条"线"。但孩子们出于探索规则的本能，会偏偏要去碰这条"线"，不仅要碰，还要碰5次、10次、20次……

如果每次违反规则，孩子都会获得家长温柔而坚定的反馈："我知道你想这样做，但你不能这样做！"那等10次、20次之后，孩子才会真的内化学习，记住并明白："哦，我不能碰这条'线'。"建立规则——挑战规则——服从规则，这个过程是一定要有的。只有经历了这个过程，孩子才能获得真正的自律，而不是因为恐惧才屈从家长的话。我们家长一定要给孩子探索、学习、内化的机会。

08
独立给孩子
带来自豪感

　　能够独立选择衣物以及穿脱衣物，只是孩子迈向独立的一个方面。除了这些，任何 0~6 岁的小朋友都会喜欢独自完成一件事的感觉，因为这就是独立的感觉，是长大的感觉，这是人类生命基因最本能的感觉："我可以自己做，我不需要求助别人，就可以把自己照顾好。"

　　生命本能带来的安全感是非常强大的：当你自己把家里收拾得干干净净，或者当你今天把孩子照顾得很好，这种油然而生的自豪感、价值感，是别人无法体会的。所以，让孩子也体会一下这种感觉吧！他们刚刚来到这个世界，他们也非常非常需要自豪的感觉，来鼓励他们迎接更严峻的挑战，鼓励他们坚持面对每一次穿不上鞋子、筷子夹不起菜、够不到高高的水龙头这样的挫败感，鼓励他们面对高高的家具、大大的房间，以及未知世界带来的一切恐惧感。

　　就是这种一件件自己做成的一点一滴的小事情、一次次积累的细小的正面反馈，不断激励着孩子："我可以的，我很棒的，我能行的！"由内心生出的自我肯定，跟别人用嘴巴夸出来的不是一回事，自己踏踏实实亲自做到的才是最真实的。

　　蒙台梭利教育的核心是：

　　　　帮助我（孩子）自己做。

　　　　Help me do it myself！

家长实践

① 整理衣柜，改善孩子的穿衣环境：

▶ 整理孩子的衣柜，按照不同衣物类型，将衣服放在孩子容易取放的地方。

▶ 检查孩子的衣柜，筛选出不适合的衣物。可根据以下标准来筛选排除：

- 尺码不合身，过大或过小，都不便于运动
- 不方便孩子独立穿脱
- 有多余且松动易掉落的小零件和长绳

▶ 在家中放置一面小小的全身镜，便于孩子每次穿好衣服后的仪表检查。

② 协助小朋友，参与他的穿衣流程：

▶ 给孩子每次穿脱衣物设立固定的地点和流程，如果孩子 3 岁多了，就一起商量决定，或者也可以根据家庭习惯设计。设计好后，妈妈可以和孩子一起拍照或画图，制作穿衣流程的指示图，帮助孩子更快形成独立穿脱衣物的好习惯。

▶ 例如在帮孩子穿裤子的时候，让他自己提裤子，或者在他穿上衣时，让他自己把头伸进领口，当他探出头来那一刻，跟他打招呼："嘿，你看到妈妈 / 爸爸啦！"就像躲猫猫游戏一样。

· ·

　　一个真正支持孩子成长的家长，要成为满足孩子心理需求的向导，而不仅仅是满足他生理需求的仆人，这是蒙台梭利博士在《蒙台梭利早期教育法》中，向家长倡导的真正支持孩子的养育原则。因为，做向导需要观察，需要思考，需要智慧，以及温柔而坚定的重复，而重复就是婴幼儿学习的关键。相信孩子的能力，给予孩子空间，这样的家长才能够为孩子的成长助力，而不是成为孩子成长路上的阻力。

　　帮助 0~3 岁的婴幼儿练习日常生活技能，有助于他们获得良好的成长体验，因为人类生命中最原始的本能，就是活下去，适应当时当地的环境。婴幼儿想成长为一个独立的人，首先就是学习照顾自己的吃喝拉撒睡，只有在这些日常生活里的事情上获得独立，婴幼儿才能获得作为人的基本的自信和自尊。

第三章
自己吃早餐

01

让孩子
爱吃饭的
关键一步

在孩子学会独立吃饭之前，父母最重要的事情，是引导他们学会享受吃饭的过程。孩子爱吃饭、不挑食，是每个家长的热切心愿。但是让孩子爱吃饭的第一步，应该是让他们了解食物、熟悉食物、对食物产生兴趣，这样他们才可能成为"爱吃饭的乖宝宝"。

厨房不是小朋友的禁地，家长应该让厨房成为亲子时光中，产生高质量陪伴的早教场所。因为孩子的照料者通常会花大量的时间在厨房里面，与其用各种各样的方式和孩子斗智斗勇让孩子远离厨房，不如改造厨房环境，为孩子打造一个安全适宜的亲子厨房。

把厨房开放给孩子，让孩子有机会看到食物原始的样子、食物从生到熟的过程，以及食物经过不同烹饪方式处理后所呈现出来的样子和状态。这些都是让孩子爱上吃饭、建立健康饮食习惯和饮食观念的重要一步。

02

如何布置
儿童专属
厨房区域、
吸引孩子
参与厨房
活动？

如果孩子能自己去厨房拿碗，那就证明家长在设置厨房环境时非常用心。

我们先来看下面这张图：家长在厨房加了很低的隔板，距离地面约 20 厘米，然后设置了一个小朋友专属的厨房区域，里面包括：倒水区、水果区、点心区、切菜区以及清洁区。这样，孩子在厨房能做的，以及他想做的事情，都有可能独立完成。

🔺 厨房儿童工作区

例如，孩子自己切水果，自己装盘，然后自己吃掉，再收拾好餐具，这个过程孩子除了练习动作和能力，还会感受到非常强烈的自主性，独立又快乐。

如果专门做隔板对普通家庭来说比较难实现，可以参考下一页的"厨房儿童用具收纳区"来设计。

家长腾空厨房的一个橱柜，为孩子打造了一个专属区域，里面分类摆放着一些厨房用品，没有过于密集和复杂的餐具。因为如果物品太多，超出了孩子能力范围，孩子理解不了、控制不了，就可能会错误使用，乱丢乱放，把厨房弄得一团糟。

▲ 厨房儿童用具收纳区

下面介绍厨房中幼儿专属区域物品的摆放建议。

蒙氏小技巧：

1. 位置固定：每样物品始终放在固定的位置

2. 一目了然：物品之间不要重复、互相遮挡或叠放

3. 分类清楚：用筐子把进餐需要的所有用具单独摆放，便于孩子拿取

　　布置好环境之后，如何吸引孩子参与厨房活动呢？首先要让孩子产生兴趣。当你在厨房忙碌时，孩子突然有意愿参与，一定要给他机会，哪怕只是让他在旁边看一看，或者帮你递个东西也行，因为兴趣才是最好的老师。

比如包饺子。刚开始，孩子可能只是在旁边玩面团。等他有点熟悉流程了，家长就可以让他参与揉面，揉面别在意成果好坏，让他感受下面团是什么就行。再往后可以让孩子帮忙把馅放到饺子皮里，然后家长来包，或者家长把馅包好，让孩子捏一捏。再往后还可以让孩子练习擀饺子皮，逐步熟悉整个包饺子的流程。

每当孩子参与时，家长需要吸引他，让他积累经验，而不是完全把事情丢给他或命令他。随着孩子经验的积累和能力的提升，家长要逐步设置一些更有难度的任务给孩子，但要保证他在成人的支持帮助下能够完成任务。

这个过程中孩子会失败吗？会犯错吗？会耍赖不干吗？一定会的。所以我们在孩子有困难的时候，可以帮助他，及时给他鼓励和肯定，不让他觉得这件事情很辛苦、很痛苦，或者压力很大，否则他就会排斥了。

蒙氏老师说：

过程特别重要，孩子之所以在 3~6 岁阶段能够自己探索，能在遇到挫折时不气馁，继续往前走，都是靠 3 岁前的锻炼积累。这个锻炼不光是手部肌肉、专注力的锻炼，更多是建立自信心，以及养成解决问题的习惯模式。所以家长一定要注意给孩子试错的时间和机会，以及努力就能获得成功的美好体验。

我们要耐心地等待，陪着孩子不断尝试，让孩子成为可以照顾自己日常生活的自信宝宝。

03
为婴幼儿挑
选专用餐具

如果你的孩子还没有进过厨房，那让孩子参与厨房活动的第一步也可以从一起备餐开始。在备餐时，可以让孩子熟悉每一个备餐流程，让他从头到尾慢慢参与备餐的每一个环节，逐渐引导。你会发现，在我们耐心的教导下，随着经验的累积，孩子越来越知道怎么样配合你。

当你和孩子准备餐桌、摆放餐具时，他就会知道："原来吃饭的时候我需要这些物品，这些物品有它们自己的摆放位置和数量。"他会从新的角度了解吃饭这件事情，也更愿意遵守吃饭的规则。

在备餐时，家长要注意为婴幼儿挑选适合的餐具。

为什么要为婴幼儿挑选适合的餐具？因为婴幼儿的手跟成人的手大小不一样，抓握能力也不一样。婴幼儿手部动作的发展是从整体到局部，刚开始手指的动作没有分化，每个手指不能单独活动。家长可以仔细观察一下，新生儿在抓一个物品的时候，是在用全手抓，这是因为他的手部动作是一体的，还不能做出精细的动作，比如食指和大拇指对捏、三指配合、掐等。但随着大脑的发育和双手每日的练习，大脑皮层中控制手部的区域会不断成熟，手部抓握获得的外部经验也会不断反馈给大脑。慢慢地，孩子有能力协调控制肌肉骨骼，最终控制自己的双手，完成抓握、拿取等动作。

在这个遵循本能的循环训练过程中，孩子手部动作会越来越精细，从整手大把抓，到拇指能弯曲，再到拇指和手掌配合进行拇指抓，然后手指动作进一步分化，出现两指捏，最后出现三指捏的动作。直到三指能够配合的时候，孩子手部动作分化发展才比较成熟。

当我们了解了孩子的能力之后，可以想一想，孩子在抓握食物的时候为什么会动作笨拙？其实是因为抓握食物需要很多技能储备，例如：合适的手部力度、合理的手指弯曲角度、手眼的协调，以及手掌和手臂的配合等。所以，大部分孩子从四五个月龄第一次有抓勺子意识开始，到真的能用勺子吃到一口米糊时，往往需要半年以上的时间练习尝试。

不同孩子的个体差异很大，我见过最早发展到能用筷子的，是一个刚满 11 个月的小女孩，11 个月的她就能够把筷子用得有模有样。所以家长要根据孩子的发展水平，为他们挑选适合的餐具。以下是挑选儿童专用餐具的原则：

蒙氏小技巧：

1. 勺、叉：长短、大小合适，圆头不扎嘴，勺柄粗，好抓握

2. 碗：底部大，碗壁浅，好舀出食物，材质厚实，不易翻倒

3. 杯子：材质透明，尺寸小，好抓握，安全厚实

1 —— **勺、叉：长短、大小合适，圆头不扎嘴，勺柄粗，好抓握**

首先，勺、叉要入嘴的部分，不能太大，也不能太小，刚好能放入孩子嘴巴就比较合适。有的家长图喂饭方便，会给孩子很大的勺子。但可以想象，如果给成人很大的勺子吃饭，你也会感觉很不舒服。勺柄选粗的，比较好抓握，因为小孩子拳头收缩的程度不可能像成人一样收得很紧。同理，在选玩具时，也是孩子月龄越小，玩具尺寸要越大，这样便于抓握。

②──── 碗：底部大，碗壁浅，好舀出食物，材质厚实，不易翻倒

什么样的碗比较适合小朋友呢？挑选不容易倾倒、材质厚实的碗是重点。因为在婴幼儿阶段，孩子控制动作和力道的能力不成熟，很容易把碗打翻。所以推荐家长给孩子选择不容易翻倒的碗，比如碗壁浅、底部很大且厚的碗，方便孩子用勺子去舀食物的时候，容易从碗里舀出来。

有的妈妈会选择吸盘碗，但孩子进餐技能进步后，更推荐用没有吸盘的普通餐具。材质选择方面，蒙氏的教育理念虽然要求材质的天然，但也不完全排斥塑料，只是更推荐钢化玻璃或者陶瓷器皿，因为这些材质更美观，更能吸引孩子。比如透明的玻璃碗能让孩子更清楚碗里的食物有多少，在视觉上更加直观。

③──── 杯子：材质透明，尺寸小，好抓握，安全厚实

孩子到五六个月大的时候，推荐家长使用杯子喂孩子喝水，因为这是添加辅食的必经过程。在此之前孩子都是吮吸进食，现在养育者有责任告诉他还有更多不同的进食方式，例如吞咽、咀嚼，这也预示着孩子正在走向独立，走向自主进食。

杯子的尺寸需要适合孩子手部，推荐选择能让孩子一手握住的小玻璃杯，但不要带杯把，因为杯把的抓握需要三指配合，对孩子精细动作发展的要求更高，6个月的婴儿普遍都达不到。孩子的第一个水杯应该是能一把抓握的透明材质的杯子，孩子能看到杯子里边是什么，就会更愿意张开嘴吃喝。

考虑到材质的安全问题，建议挑选钢化玻璃，厚实耐摔，更安全。

▲ 推荐的儿童餐具

04
简明固定的
餐桌礼仪，
让孩子更容
易学习

挑选好餐具之后，我们需要给孩子设立简单清楚的餐桌礼仪。因为新生儿的第一本能是活下去，希望以最快的速度成长为可以适应当时当地，符合家庭规则、家庭文化、生活习惯的人类。礼仪作为规则的一种表现，也是引导孩子成长的重要工具。

为什么有时小朋友会让你感觉他在"捣乱"呢？因为婴幼儿的认知、记忆力、动作（肌肉）控制、情绪控制都处于发展过程中，处于练习自我控制的阶段，所以才会出现不讲理、扔东西、哭闹这类失控状态。

我们应该怎么做呢？我们需要制订简单、清楚、固定的规则，并且耐心陪伴孩子反复练习，直到他最终学会控制自己。

有时孩子的本能使他很想理解成人的要求，想要配合成人。不过前提是成人要把沟通的难度降下来，给孩子理解的机会。

比如吃饭，成人可以给孩子制订吃饭的规则：坐到餐桌旁，就是要准备吃饭了；吃饭前，孩子需要把餐具摆放整齐；还有吃饭的时候要坐在餐桌旁吃，离开餐桌就没有食物。如果家长将孩子的进餐桌子跟玩具区的桌子分开使用，这样孩子会更清楚。

下面这幅图是我工作的蒙氏园所里，给 0~3 岁小朋友准备的进餐餐具套装。

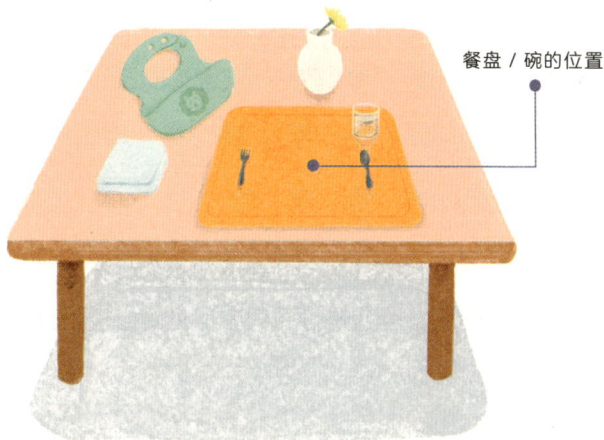

餐盘 / 碗的位置

▲ 蒙氏幼儿园宝宝餐具套装

从图中可以看出，餐桌上摆着餐垫，餐具放在餐垫上。这种注明餐具位置的餐垫，有非常清楚的定位功能，让孩子知道叉子放在哪里，勺子放在哪里，杯子放在哪里。每天吃饭前我们都可以铺上硅胶餐垫，帮助孩子给餐具定位。

清楚、简单、一一对应，这样孩子更容易把勺子、叉子摆放整齐。勺柄、叉柄最好有一点弧度，才符合孩子的手眼协调能力，也符合他们把食物送进嘴里的角度，降低了吃饭难度。而杯子配的是无把手的钢化玻璃杯。

如果每次吃饭时孩子都用同一套餐具，而且在固定的餐桌上吃饭，那他们就比较容易建立起秩序感，也更容易记住规则，执行规则。

05

给孩子提供
真实物品，
让孩子感觉
自己被信任

如果你了解蒙氏教育，就会知道蒙氏教育者在准备蒙氏教具时都追求采用真实生活里的物品。

几乎所有小朋友都喜欢玩过家家的游戏，但他们更感兴趣的是有"真实生活感"的过家家。比如孩子会对妈妈的手提包感兴趣，或者喜欢玩抽纸、遥控器等能在真实生活场景里出现的物品。

比如家长可能不理解为什么孩子爱玩门把手，其实孩子真正感兴趣的是打开门之后的生活，喜欢打开门就会到另外一个空间里的感觉，他们想去开门并不是单纯地对门把手有兴趣。他们想知道的是"为什么手一动门就开了，这是怎么回事呢？"，这背后隐藏的是孩子想学会独立生活的意愿。所以真实的物品更能激发孩子兴趣，给他们真实的经验，会帮助孩子更快独立，学会生活。

育儿观察

我去朋友家做客，到了午餐时间，我看到朋友的孩子在帮她拿碗，碗放在厨房比较低的橱柜里，所以孩子容易拿到，这就是支持孩子独立的好环境。

我看到他从里面小心翼翼地拿出几个碗。为什么这么小的孩子拿碗时懂得小心翼翼呢？因为他知道这是陶瓷碗，他拿得小心一定是妈妈之前让他体验过，甚至是有过不小心摔碎碗的经历。

从刚才的例子可以看出经验的积累，让孩子真正懂得应该怎么样去拿陶瓷制品（双手轻拿轻放），手部力度具体是多少，每次拿一个还是拿两个。这就是真实物品给孩子提供的学习机会。

除了能学习丰富的生活经验之外，每当孩子帮家长完成一件任务时，他也会感觉到自己"被信任"："爸爸妈妈愿意让我去拿这些易碎的陶瓷碗。"孩子感觉到自己是"有能力"的："我可以像爸爸妈妈一样，把碗拿好不打碎。"孩子感觉到自己在家庭中"有价值"："爸爸妈妈需要我的帮助。"

在这个过程中，孩子会自然产生再次去服务他人、帮助他人的美好意愿，愿意在家里承担更多责任："我能够用自己的双手去帮助别人，且别人需要我的帮助。"这是孩子建立自信和合作意识的良好开端。在孩子经验不足的时候，或者家里面的老人不放心时，家长可以退而求其次，选择不易碎的物品做前期练习，比如材质很好的塑料碗。

毕竟在现代社会，我们家里面多多少少都有塑料材质餐具，只要是真实的、美的、质量好的，我们都可以提供给孩子。当然我们也可以给孩子使用易碎物品，如玻璃、陶瓷。这些丰富美丽的材质会带给孩子很多好处，比如提供精致的玻璃杯要胜过提供一次性纸杯，提供漂亮的陶瓷碗要胜过提供一个没有装饰的不锈钢碗。家长们可能想象不到，蒙氏老师在给孩子设计"工作"＊时候的纠结程度。每个蒙氏老师都有选择困难症！

有一次我花了很长时间专门去挑选一种绿色的盘子，因为给孩子设计的"工作"是用夹子夹树叶。如果孩子用清新淡雅的绿

▶▶▶▶ 注：蒙台梭利教育理念中，把孩子一切为了成长而进行的活动都称为"工作"。比如吃手、学走路、吃饭、看书等等，都是孩子的"工作"。蒙台梭利博士通过观察发现：儿童喜欢"工作"多于游戏。教育者应该顺应孩子的成长需求，为孩子提供合适的活动，支持孩子自由探索和学习，帮助孩子成为自信、独立、有责任感的个体。

盘子去配树叶，那这项"工作"的视觉效果会很和谐。设计"工作"的时候，我一定会考虑"工作"所需的工具材质、颜色、大小及风格，因为一项"工作"要吸引孩子，就需要给予孩子一定的感官享受，美的吸引力不容小觑。

在一日三餐中，大人也会有类似感受。试想一下：同样的外卖食物，用一次性外卖盒子进餐，和倒进美丽的陶瓷盘子里进餐，哪种用餐的感觉会比较好呢？要好好吃饭，吃饭的仪式感就很重要。要孩子好好练习，提供的工具材质、外观同样很重要。

06
让危险在
可控范围内

当你给孩子玻璃或者陶瓷器皿的时候，孩子有可能会不小心摔碎。碎了之后，我们怎么样去处理器皿呢？在蒙台梭利教室里也有很多玻璃器皿，班级里的老师也会遇到玻璃器皿破碎的情况，碎了之后，因地制宜，老师会为孩子教授一节"处理破碎玻璃器皿"的课程。

老师会准备好报纸、胶带、危险标识。当一个玻璃器皿碎了，老师会做以下动作：

1. 大声提示警告班级所有人，有东西碎掉了，全班所有孩子不要乱跑，停止手上的工作，老师要开始处理这件事情，这是紧急状况。

2. 专门有一位老师带领孩子们到教室中远离玻璃碎碴儿的安全区域。

3. 另外一位老师确定碎玻璃区域，用标注物明确标注，比如用指示牌（就像在酒店或机场常见到的防滑提示牌一样），警示大家这个区域有玻璃碎碴儿，要远离。

4. 一位老师开始清扫碎玻璃。

5. 清扫完，老师用报纸把玻璃碴儿小心包起来，包好后标注上：内有锋利的玻璃碴儿。

6. 将包有玻璃碴儿的报纸扔到专门的垃圾桶里面去，这是孩子学习垃圾分类的好机会。

这样一个处理流程，既可以让孩子保持镇定不乱跑，避免被玻璃或者陶瓷碎片划伤，又能让孩子非常清晰地知道哪些地方是危险的，哪些地方是安全的，树立远离危险的安全意识。同时，也让成人不至于一边收拾碎片一边分心照看孩子，导致碎片清理不彻底，埋下安全隐患。

在家里，当玻璃、陶瓷器皿被打碎时，家长也可以快速让孩子待在较远的地方，告知孩子这是紧急状况，不要乱跑；然后用手边的物品，如胶带、孩子的积木等，把危险区域围起来，告知孩子不能靠近；最后再进行彻底清扫和垃圾处理。

除此之外，当意外发生时，也请家长不要大声斥责甚至动手打孩子，因为孩子经历了不小心打碎东西这一过程后，他会意识到，下次拿放易碎物品的时候要更加小心。危险发生了，确保孩子的安全和迅速控制场面才是当务之急。有条不紊的处理过程，也是孩子学习如何面对突发状况的好机会。当家长以严肃平和的态度告诉孩子清理碎片的流程时，孩子是不会产生过于惊慌失措的情绪的，而且也更愿意配合家长。

除了玻璃、陶瓷器皿，另一类经常出现在厨房里、餐桌上，家长认为很危险的常见物品就是刀具。但如果想让孩子参与到厨房的食物准备工作中，那他一定要会用刀。

您猜猜一个蒙氏亲子厨房需要给宝宝准备几把刀？下图中的4种刀具我的孩子都有：

🔺 宝宝食物准备工作的刀具推荐

成人在做饭时会用不同类型的刀切不同的食材，小朋友也是一样，要根据孩子的能力和切食物的经验，提供适合的刀具。

刚开始可以给孩子没有刀刃的刀，类似黄油刀，让他能切香蕉这类软烂的食物；然后提供有刀刃的塑料刀，可以切稍微硬一点的食物，例如煮熟的胡萝卜、苹果等。我们买生日蛋糕时，蛋糕店通常会送一把塑料刀，虽然是塑料的，但是也够锋利，这种刀就可以给孩子练习。

随着前期经验的积累，孩子对食物的感知也更加深入，知道什么东西硬、什么东西软，切的时候要怎么控制自己的手部肌肉、怎么用力。积累了丰富的经验之后，我们可以给他波浪刀，波浪刀在国外一般是用来切奶酪或土豆片的。

波浪刀的好处是从上向下用力，手眼配合的过程更简单，低龄的小朋友就能操作。唯一的问题是刀锋会比较锋利，我们提供给孩子之前，可以用砂纸将刀锋打磨得钝一些。

最后就是锋利的小尺寸菜刀。这种菜刀跟成人用的菜刀区别不大，只是尺寸小，刀把更粗，更适合孩子的手抓握。这种刀我们蒙台梭利教室里会提供给 3~6 岁有用刀经验的大孩子。除了以上 4 种刀具之外，我还给我的孩子提供了小刮皮刀、小打蛋器等工具。

刀具有一定的危险性，在用刀之前，我们可以先让孩子有机会进入厨房，观察厨房活动，慢慢参与一些完全不会有危险的活动，例如揉面、洗菜、择菜等，让他有机会去观察、触碰、感知厨房的食物，多积累经验。

随着孩子年龄增长，再慢慢增加难度，例如让孩子剥蛋壳、剥蒜、搅拌鸡蛋等；然后再慢慢地给他一些相对危险的工具，例如切片器，让他用切片器去切煮熟的鸡蛋、切蒸好的红薯等等。

等孩子再大一点，手部力量增强之后，就可以给他塑料刀，然后再到波浪刀，让他切煮熟的胡萝卜或者土豆等很容易切的东西。当孩子可以熟练地切煮熟的胡萝卜之后，我们家长就可以给他生胡萝卜去切。

▲ 切片器　　　　　　　　　　　　　　　▲ 切苹果器

如果孩子力气再大一点，还可以让他用切苹果器切苹果。要注意，切整个苹果需要使些劲，对成人来说都很困难。所以家长刚开始可以把苹果横向切成圆片，然后再让孩子去切，这样他会容易切成功。

所以说孩子不是完全不能碰危险的用具，只是需要家长非常耐心地为他设计活动，帮他挑选工作、降低难度、简化流程，拆解动作反复示范，根据孩子不同时期能力的发展水平提供合适的工具和工作。

这个学习积累的过程是跳不过去的，"小厨师"的培养不能"一口吃成个大胖子"。

▲ 在切胡萝卜的小男孩

07

巧用"难度
控制"，
合理为孩子
安排工作

家长除了控制厨房活动中可能产生的危险之外，也可以对孩子可能会出现的失误进行预判，准备好应对的办法。

例如，在让孩子倒牛奶时，我们可以给他适合他小手抓握的、小小的牛奶壶而不是牛奶盒。如果直接给孩子大包装的盒装奶，就会有很多问题。首先，孩子不会开盒子；其次，奶盒又大又重，孩子拿着倒奶时力气不够很可能会洒；最后，孩子没有控制力度的经验，很可能无法及时停止，导致牛奶从碗里或者杯子里溢出来，洒出一大片。

倒牛奶或者倒水看似是非常平常简单的动作，其实不光考验了孩子手部的精细动作，还考验了孩子对倾倒角度、液体流量的把握，还有对容器容量的感官经验等。比如让孩子给一碗麦片倒上牛奶，孩子需要有这些认知储备：奶量应该把麦片刚刚淹没；要慢慢倒牛奶，不让牛奶洒出来；

▲ 提供给小朋友的倒牛奶容器

等等。这都是很高级的人类生活经验。

所以我们要用到蒙氏教育中非常经典的概念——"难度控制"，来帮助孩子更好地完成一项活动。所谓难度控制，就是所有安排给孩子的工作，在设计时就要考虑工作的难点和易错点，准备好工具，设计好流程，引导孩子自己取得成功。

比如在倒牛奶的环节，家长可以为孩子准备透明的玻璃小奶壶。奶壶里的奶量不多不少，就是孩子喝奶用的杯子或碗快要装满时的奶量。因为年纪小的宝宝拿任何容器去倒牛奶的时候，一定会"哗"的一下，把容器倒空。我们提供给小朋友透明的、尺寸合适的奶壶，他抓起来，"哗"的一下倒进去，刚好一杯。这样孩子会很有成就感，觉得"我完成了，我成功了，我能自己照顾自己"。获得了成功经验，孩子下次再做就会很有动力，自信心也就得到增强。

其实成功的是家长。因为家长提前思考过，设计好有难度控制机制的倒牛奶工作，降低了孩子工作的难度，让孩子有机会享受照顾自己的快乐。

又比如说，孩子在进行一项工作时，经常会因为中途发生的"意外"而手忙脚乱，产生挫败感。同样还是倒牛奶这项活动，即使他拿着牛奶壶，也有可能因为角度不对或者力气控制不到位而把牛奶倒在桌上。这时，倒牛奶的工作没有完成，孩子还要去找抹布，难度就增加了，步骤就更多了，孩子可能当下就觉得很有挫败感，想要放弃。

这就需要家长提前去做"难度控制"的另一项准备：提前帮孩子把可能会用到的材料一次性准备好，提前放在倒牛奶工作的托盘里。看到托盘，孩子就会意识到活动中所有的一切都已经准备好了。小朋友可以很独立自信地完成整个流程。

🔺 小朋友的工作托盘

下面再举一个"难度控制"的例子。已经五六岁的孩子，在积累了大量厨房活动的经验之后，会对烹饪产生浓厚的兴趣，也想尝试自己做一道菜。但炒菜这项活动，危险系数较大，且孩子不好控制火候。所以家长可以先让孩子自己试试煮面条这种比较简单的事情。我们大多数家庭通常都用的是燃气灶，但孩子自己很难用燃气灶煮面条。因为用火太危险，灶台也很高，所以家长可以给孩子提供一个小的电磁炉和小煮面锅，这总比让孩子去炒菜要容易得多。

通过降低难度让孩子参与到复杂的工作中，也是"难度控制"的技巧之一。小朋友自己做饭，不仅能积累准备食物的前经验，还能获得自信心，是特别宝贵的成长体验。

家长实践

① **根据书中的方法，尝试在厨房设计一个孩子专属的工作区域：**

可以从准备孩子用餐餐具的专属收纳区开始，也可以从设置宝宝自助饮水区（装了半壶水的小水壶和一个小水杯）开始。

② **根据孩子的年龄和能力发展情况，设计一项他们可以独立完成的厨房活动：**

▶ 将自己的碗、勺等餐具摆好；

▶ 能独立从厨房将碗拿到吃饭的地方；

▶ 能独立倒水或者倒牛奶；

▶ 能独立剥香蕉皮或者剥鸡蛋壳；

▶ 能独立切香蕉或者煮熟的胡萝卜；

设计时要考虑到难度控制和工作的完整性，在孩子工作中要观察孩子，在他们遇到困难的时候给予耐心的指导和帮助，不期待孩子一次就能成功，过程才是学习的关键。

· ·

　　家庭是孩子的第一个小世界，儿童在平凡真实的生活中，探索、感受、学习、吸收，完成内在精神胚胎的形成，构建出自我的人格。教育家认为婴幼儿像"软蜡"一样具有可塑性，他们在生命早期根据环境获得经验，进行自我塑形。所以请放下成人傲慢自大的偏见，重新审视我们的孩子，没有农夫能教会一颗种子发芽，好农夫会提供阳光、水、空气和土壤，然后相信生命的力量，等待种子破土而出！

　　蒙台梭利理念百余年的探索和实践，让我们看到了孩子自我成长的强大力量，我们应该学会如何保护这股成长的力量！让我们用知识和爱给孩子一个温暖的成长环境，一个从不压制孩子探索学习、让孩子体会到自己存在价值的环境。在一个真正懂得儿童的环境中，孩子们会展现出生命最美好的品质：专注、好奇、友好、勤奋等等。孩子不需要外部激励就能够不断自我完善，我们还能从这样的孩子脸上看到全新的喜悦和骄傲。让我们一起做懂孩子的养育者！

第四章
去公园玩

01
布置环境，
让孩子独立
准备好出门

自己起床穿衣，自己吃早餐，孩子在日常生活场景里如果能靠自己一步一步完成一些简单的小事，就能更自信、更从容地应对成长中的各种问题。通过前三章的内容，相信您已经逐渐明白，在培养孩子独立性的过程中，家长通过布置环境，引导、支持孩子自己做非常重要，这也是蒙台梭利环境创设课程里反复强调的一个概念。

支持孩子自己做，是一件很不容易的事情。我们要提前调整好环境、设计好活动的环节，控制难度，简化流程，并且一遍一遍地示范，让孩子看到完整的过程。不厌其烦，日拱一卒，一点一点地循序渐进。

同时要给孩子足够的耐心、包容、支持，当孩子情绪出现波动或遇到困难时，给他们及时的回应。具备这些条件的孩子，才能跌跌撞撞、踉踉跄跄、小心翼翼地走上自信、专注的独立之路。

在家长的呵护下，孩子一旦有机会展现自己的生命内驱力，就能收获成功探索世界的经验。这种"自我完善"模式会深深刻在他们的大脑中，成为他们人生道路上宝贵的力量源泉，让他们在遇到挫折时，总相信"我能行"。

家是孩子探索世界的第一站，当孩子从家中打开门走出去，会开启新的探索之旅。在孩子准备出发前，父母能做什么准备来支持孩子成长呢？

其实并不需要很多东西，像下页图一样，在玄关或门厅处做3个简单的小设置就能很好地支持宝宝独立完成出门准备。我们一起给孩子设计蒙氏玄关区吧！

蒙氏小技巧：

1. 有一张舒适的儿童换鞋凳

2. 有宝宝专属独立鞋架

3. 有可以挂背包、上衣的方便挂钩

图中玄关处这 3 个简单的设置，体现出了蒙台梭利理论中尊重儿童、了解儿童、支持儿童的智慧。

🔺 简单却暗藏智慧的玄关
（西安灞桥区肥肥妈妈拍摄）

① 有一张舒适的儿童换鞋凳

仔细看图中的凳子，你会发现凳子的高度较低，其实儿童换鞋凳的高度是有讲究的，太高太低都会不舒服。太低站起来不容易，太高坐不上去，需要成人的支持，不符合"独自做好"环境准备的原则。给 3 岁前幼儿准备的换鞋凳高度一般是 18 厘米，如果不太确定的话，可以将小朋友的膝盖作为参照。一般来说，在学步阶段，18 厘米是小朋友坐起来最舒服的高度，家里面的游戏桌椅、就餐桌椅等都可以参照这个高度。

蒙台梭利托育班的教室为不同月龄的宝宝提供了不同尺寸和高度的桌椅，让身高各异的小朋友和凳子相适应，保证小朋友在任何成长阶段都能够坐得舒服。在家中，家长如果想让凳子的高度跟得上孩子的成长速度，需要注意及时为孩子更换不同的凳子，也可以选择可调节高度的桌椅，方便调整。

这里要说明一下，为什么建议给孩子用换鞋凳，而不是让他们直接坐在地毯上换鞋呢？因为坐在地毯上换鞋很吃力，不如坐在凳子上舒服。

❷——有宝宝专属独立鞋架

宝宝的专属小鞋架有两个特点：一是只放两三双鞋，二是完全敞开。鞋架整体上一目了然，简单清楚，这样才符合宝宝的认知特点，让孩子不用去思考，一下就能看到要拿的鞋子。因为0~3岁婴幼儿的认知发展具有直观性，往往需要看到某个物品才会有概念，稍微有一点遮挡，就会给他们的大脑反应增加难度。

建议把孩子的鞋子单独拿出来，不要放在家里的大鞋架上，宝宝的鞋和大人的大鞋混在一起，很容易给他们的认知造成困扰。如果没有专属小鞋架，家长也可以像下面图片中展示的一样，把家中的凳子改造成一个简易的宝宝专属鞋架，注意鞋架的高度要适合孩子的身高。

▲ 将凳子改造成宝宝专属鞋架（长春朝阳区淇淇妈妈拍摄）

如果想节省空间，建议只放两双鞋。例如一双室内鞋，一双室外鞋，剩下的鞋子可以放到大鞋架里面，需要让孩子穿什么鞋子的时候，提前拿出来放在宝宝专属小鞋架上面就可以，回家的时候换室内鞋，出门的时候穿室外鞋，这样布置对小宝宝来说更清楚，不用多思考。等孩子年龄渐长，选择能力提升了，家长可以多加两双鞋，给孩子讲解不同场合挑选不同鞋子的道理。但如果一开始就放太多双鞋，孩子可能都想穿，会增加选择的困难。

比如，在炎热的大晴天，孩子看到鞋架上有雨靴，可能就会想穿雨靴出门，这就会让家长有点头痛。这时，我们可以在不影响整个出门流程的前提下，允许孩子穿一下雨靴，问一下他的感受，注意不要直接对孩子说："是不是很热？很难受？"应该尽量从侧面引导，可以说："哎呀，我穿着凉鞋，脚指头好透气，感觉好舒服。穿雨靴是什么感觉呀？"

家长可以用有趣一点的方式跟孩子互动，让小朋友自己感受，独立判断，自己悟出来在不同的天气应该选择不同的鞋子的道理。穿雨靴出门一天，这种可以承受的事件，我们可以让孩子试一试。像寓言故事《小马过河》里讲的一样，孩子只有亲身体验过规则的底线和道理，他们才会明白："哦，晴天穿雨鞋出门很热，下雨天才应该穿雨鞋。"这也就是"我做过了，我才能理解"。

③ —— 有可以挂背包、上衣的方便挂钩

孩子能够独立完成出门准备，自己穿衣是必不可少的环节，所以建议家长在玄关处方便孩子拿取、高度适当的地方设置3个挂钩：一个挂背包，一个挂上衣，还有一个可以挂围巾或者帽子。这样布置当然不是因为孩子只有这些衣服，而是为了给孩子有限制的选择，让孩子在家长提供给他们的合理范围内选择。

想想看，孩子的能力与认知水平只有这么多，如果给他们满柜子的衣服，他们往往会把衣柜翻乱，或者会挑出来一些不适合出门穿的衣服，最后大人还要去跟孩子进行权力的角逐，跟他们辩论较劲，反而给自己添麻烦。所以在婴幼儿自我意识开始萌生的阶段，给孩子有限的选择，是特别重要的养育技巧。

除了提供有限的选择，在穿衣环节鼓励引导孩子自己穿衣服，也非常重要。前几章提到过的"飞起式"穿衣法可以在穿外套环节"大显神威"，孩子只需要站在衣领一头，把两只手伸进衣袖，再将外套向上一翻，衣服就穿上了。但刚开始用"飞起式"穿衣法，小朋友可能找不到袖子，常常会出现"飞"衣服"飞"不过去的情况，这时候家长就可以提示他们"找到有标签的一侧"，或者说"找找有帽子的一侧""找有衣领的一侧"，或直接轻提一下外套衣领，引导孩子一点一点学会穿衣。

当孩子遇到一件新外套，在他们刚开始穿衣的时候，家长可以提前引导一下说："啊，我看到这个衣服是有帽子的，它的帽子在这个位置。"悄悄提示一下孩子，让他们能够更自然，更自信，从而自己完成穿衣。

根据上面的 3 个蒙氏小技巧，设置好一个支持小朋友独立出门的玄关环境后，我们还可以做一些个性化的布置，比如放一个穿衣镜、一些专用收纳筐，美化一下玄关，打造出一个既对孩子有吸引力，又具有秩序感和美感的出门环境。

如果有空间，家长可以在玄关放一个穿衣镜，这是为了让孩子去观察一下自己穿好的衣服，让他们可以整理一下自己，检查一下自己的仪容。比如当孩子刚刚学会"飞起式"穿衣法，能自己穿好衣服后，有些小骄傲的他们会想要看看自己的成果。那在

照镜子时，家长就可以说："哦，你用这件蓝色的上衣，配了一条浅黄色的裤子，这两个颜色很好看，搭配要上深下浅，上明下暗，你搭配得很好哟。"像这样慢慢把搭配的概念教给小朋友是很有益处的，而且穿衣镜是在 0~3 岁阶段，帮助孩子提升自我认知的重要教具，会让孩子认知自己的身体，形成更具象的自我概念，所以在玄关处设置穿衣镜，也是很重要的工作。

像上面插图里的一样，家长也可以在玄关放一些出门能用到的小工具。比如图中就放了刷鞋的小工具，而且一个盒子就放一个刷子、一块抹布，这可能跟家长们的习惯不太符合，实际上一个盒子放一两种工具的收纳方式很符合婴幼儿的认知特点。如果收纳的东西过多，让孩子自己去找就容易混乱，因为 0~3 岁的孩子还掌握不了比较复杂的局面。家长们可以想想孩子出门要带什么，在门口根据实际需要设置个性化的收纳筐。我曾指导过的一些家庭，会在门口放专用筐，筐里放着出门时会用到的湿纸巾，夏天需要的防蚊喷雾，秋冬时常用的护手霜、擦脸油等等。

育儿观察：

我们仔细观察过小朋友，如果在教室门口同时放小凳子和漂亮的花布小沙发，小朋友一定会去坐小沙发，因为它漂亮、少见，而且很舒服。人都是视觉动物，小朋友更是这样，他们是感官学习者，愿意看到美的东西，也更愿意去探索美的环境。

在有限的条件下、有限的空间里，家长们可以尽量给孩子提供美的享受。家长们可以考虑，在给孩子提供穿鞋的小凳子时，是不是也可以放上一个美美的小坐垫？又比如，给孩子布置衣物挂钩时，在挂钩上面是不是可以做些孩子喜欢的小装饰，让孩子开心呢？哪怕只是挂上小香薰片、小香薰包，让孩子可以在出门的时候闻一闻很香很香的薰衣草味道，或者橙花的味道，也算是给他们多一种感官体验。

蒙氏老师说：

希望家长们能展开想象，观察我们的生活，把生活打开让孩子们参与进来，让他们也享受其中。家长们可以细心观察，根据孩子的需求和遇到的困难，及时提供给孩子简单有趣的指引方法，在帮助孩子独立生活的过程中，逐渐收获一个自信、独立、快乐、爱劳动爱生活的宝宝。

02
带孩子
认识社区

顺利出门后，家长们的教育事项清单里，肯定有一条是让孩子遵守交通规则，不乱跑，比如教孩子记住那首经典的童谣："红灯停，绿灯行，黄灯亮了等一等。"在每次过马路前，我们蒙氏老师也常常会重复一段话："向右看看，再向左看看，如果没有车要通过，我们就向前走。"这一件小事看似很简单，但如果家长能每次过马路都重复，就能帮助孩子建立秩序感。

0~3 岁阶段的小朋友很喜欢重复，因为重复能够帮助他们在复杂的世界里找到锚点作为学习记忆的参照，这个参照点会让他们觉得很安心。家长们也可以像蒙氏老师一样，每次过马路时都说一句"向右看看，再向左看看"，孩子不仅会萌生出安全感，还更容易理解记忆，理解后自然就能做到遵循规则。

除了过马路时要注意的事项，生活中还有很多事可以在走路时教给孩子。作为刚到地球的"新人类"，孩子是世界的探索者，正要认识和了解这个世界，所以和孩子出门时，我们家长不要光忙着赶路，要意识到"家长是孩子在这个世界的向导"。外出时，世界就在眼前，是很好的教育机会，家长可以像导游一样，把世界讲给孩子听，指给孩子看，让孩子自己经历和感受。不过家长有时间需求的话，当然以家长的需求为先，毕竟我们要先把自己安顿好，才能教育好孩子。

我们在给 3~6 岁的小朋友设置认知课程时发现一个很有意思的现象：孩子们每天上学放学，对家与学校都很熟悉，但对路途中的社区环境没有概念。他们虽然能背出家的位置在哪里，但不知道从家到学校那条很短的上学路上有什么具体的事物。

其实路上不仅有早餐店、理发店等各种小店铺，还有医院、商场等大型公共场所，所以我们家长应该让孩子有更多机会去感受社区的存在，让他们知道社区里都有什么，是什么构成了我们的生活环境。

作为初降人世的新伙伴，小朋友会想要融入当时当地的社会环境，因为他们越了解环境，才会越有安全感，越知道如何从容应对不同情况，才越能理解和配合家长的节奏。所以，我们家长可以用各种各样的方式，帮助他们由点到线、由线到面地认识整个世界，抓住和孩子出门散步的机会，把他们生活的地方、他们应该熟悉的社区，整个讲给他们听，走给他们看，在这一过程中孩子作为当地人的本能会给他们带来安全感，这也是家长和孩子走在路上最好的学习内容。

03
尊重孩子的多动天性

和孩子一起出门时，家长可能会用到小推车、小自行车、学步车、小三轮车等各种各样的童车作为孩子的代步工具，但蒙氏老师建议家长们尽量减少使用童车。这个要求听起来有点苛刻，因为童车真的能帮助家长，特别是帮妈妈们省很多力气，有安全方便的益处。实际上我们这里要说的不是使用童车就不对，而是提醒家长们注意，孩子在 1.5~4 岁正处于蒙台梭利博士强调的动作发展协调的敏感期 *。

育儿观察：

孩子到 1 岁多的时候大多已经能走路了，也进入了动作发展协调的敏感期。如果家长细心观察的话，会发现一些负责任的早教机构到孩子 4 岁时才会给孩子提供一些体能训练类课程。这是因为 4 岁以前孩子的动作还不协调，学习任何专业竞技运动项目都是很困难的。

所以孩子在 1.5~4 岁阶段需要尽可能多运动，锻炼站、走、跑的基本能力，让身体更协调，让肌肉和运动能力在这两年半的黄金时间中得到全面的练习发展。童车恰恰剥夺了孩子"多动"的机会，家长要明白，婴幼儿的天性使然，他们是不爱坐在童车里的，但因为现代的养育方式，孩子被迫习惯和适应了童车。如果有条件的话，家长们应该尽可能地让孩子自己走路，我们蒙氏老师也会给 1.5~4 岁的孩子刻意增加"走远路"的户外活动机会。

▶▶▶▶ 注："敏感期"是蒙台梭利教育理论中的重要概念，指孩子在成长过程中获得各种能力的最佳阶段，也叫"关键期"。在这个时期，儿童对外界的刺激特别敏感，容易接受外界信息，儿童的先天潜能发挥得最好最充分，从而容易获得某种能力。本书第六章的"0~6 岁儿童活动建议清单"对不同敏感期有利于孩子身心发展的相应活动进行了介绍。

蒙氏老师说：

蒙台梭利博士在著作《童年的秘密》中提到："对儿童来说，行走是最自然不过的要求，因为他将要长大成人，必须具备成人的各种能力。"当一个孩子学会走路，那他运动的需求就是走远路，要走得更长，时间更久，让走路技能更稳固，更加灵活。所以请给孩子走远路的机会吧。

延伸案例：让孩子走远路的深远意义

日本一家以培养孩子运动能力著称的知名幼儿园，每年春天都会给 1~3 岁托育班的孩子设置远足活动，让孩子一次最多可以走 5~7 千米的距离（强度几乎相当于成人完成半程马拉松），而 3~4 岁的大班孩子远足活动的强度更大，一次要走 10 千米以上，还要去登山。伟大的成就往往与强健的体魄相辅相成，这家幼儿园就培养出了非常多的在体育、政治、商业等领域表现优秀的杰出人才。

04
大自然里的感官游戏

每一个自由的生命都向往自然，蒙台梭利理论中强调的感官学习，就源自对处在生命最纯真阶段的儿童"向往自然"的天性的尊重。和小朋友们外出的时候，蒙氏老师会刻意让他们观察大自然，感受大自然。到公园后，让小朋友们尽情地在草地上快乐玩耍，多接触大自然，拥抱大自然。老师们这样做和孩子的感官发展敏感期有关。

孩子刚出生的时候，他们的听觉发展程度最优，但视觉、嗅觉的发育都不成熟，尤其是视觉。有经验的家长都知道，刚出生的宝宝其实是看不清楚的，他们先是分清黑白，看出轮廓，再发展到感受光线的明暗，辨认不同的颜色。视觉随着生命的发展和环境的刺激，才变得越来越好。

除了视觉，孩子的眼睛、鼻子等感官都需要各种不同的刺激和体验，才会变得更敏感。孩子的整个感官发育敏感期能持续到 6 岁，在这期间，孩子都是感官学习者 *。家长们可以抓住这个黄金周期，为孩子长大后的耳聪目明打下好的生理基础，多提供给孩子感官体验的机会。

蒙台梭利博士说过，感官是人类一切智慧的开端。你可以想象

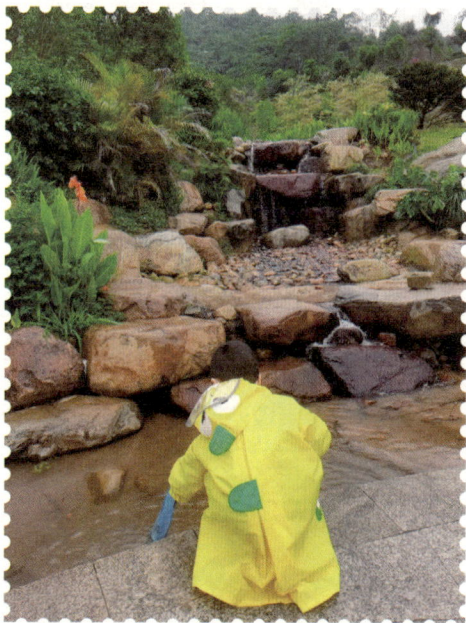

▼ 让孩子接触大自然（福建宁德市辰逸妈妈拍摄）

▶▶▶▶ 注：蒙台梭利把 0~6 岁的孩子叫作"感官学习者"，在这个年龄段的孩子还没有完善的逻辑思维能力，处于感官发展敏感期，主要通过身体的感受，即视觉、听觉、嗅觉、味觉和触觉来认识世界。

一下，如果孩子从来没见过、没感受过大海，你给他看关于大海的绘画、听关于大海的音乐、读描写大海的文章，孩子很难有深刻的感悟和情感共鸣，那谈何喜爱和理解呢？蒙氏老师会建议家长带孩子常接触大自然，因为在大自然中孩子的感官体验最丰富，触觉、嗅觉、视觉等都能同步发展，而且如果孩子不是身临其境，仅仅从纸上、从屏幕上去感知，将无法体会到自然本身的震撼之美，也无法真正认识和了解我们的世界。

让孩子观察自然的小游戏（福建沙埔镇小苹果妈妈拍摄）

带孩子了解大自然时，我们家长可以准备一些感官游戏，让孩子可以用提前准备好的小工具进行一些探索活动。比如用几根小树枝摆出各种形状；引导孩子在大自然中寻找材料，创造独一无二的"自然蛋糕"；用树枝做一个画框，和孩子一起把搜寻来的"自然馈赠"排列在画框中，做成漂亮的画，最后拿回去挂在家里边，把孩子的创意和美好的季节都留在家中。

即使多数时间都在室内，家长们也可以做一个自然感官盆，把大自然中的天然材料收集起来，放在美丽的容器里，让孩子排列组合，进行抓握感知探索。比如家长可以和孩子一起做树叶分类，如果宝宝在 3 岁以下，家长就可以把树叶分成绿叶子、红叶子、黄叶子，让宝宝认知颜色；如果孩子已经过了 3 岁，家长可以引导他们分辨叶子的不同形状，进行更高层次的认知探索。

▲ 和孩子用"自然馈赠"创造美（福建沙埔镇小苹果妈妈拍摄）

05
温柔而坚定
地回应孩子

带孩子出去玩是一件很开心的事情，但也有很多让家长头疼的时刻，比如孩子刚开始学走路，总是要抱抱。对力气不够大的家长们来说，两三岁的孩子抱起来真的蛮重的，抱不了多久就会很累，但爱撒娇的小宝宝们又总会说不想自己走，要爸爸妈妈抱抱。这时候，家长们要怎么样温柔而坚定地做出引导呢？

蒙氏老师建议家长根据自己的实际情况做决定，比如出门走了一段路后宝宝累了，提出让爸爸妈妈背一背或者抱一抱的要求，家长如果觉得有力气，就可以背一会儿或抱一会儿；但如果大人本身很累，或者背一阵觉得太沉快要背不动时，就可以停下来跟宝宝说："哦，你长大了变重了，爸爸妈妈的力气用光了，我们停下来，休息一会儿，等有力气我们再出发。"这时候家长必须要向孩子明确一个原则：能背就是能背，不能背就是不能背。温柔地接纳和表达情绪，坚定地解决问题，守护规则。

蒙氏老师说：

每个人对"温柔而坚定"的理解是不一样的。有些人偏向温柔，有些人偏向坚定，那平衡点在哪里呢？平衡点在于家长自己。首先家长要让自己觉得很舒服，不能因为担心拒绝会让孩子难过，自己就畏手畏脚，觉得"哎呀，我不能说这个，我不能拒绝"，那就不对了。所有的育儿理念都是用来帮助你更轻松地带孩子，不应该成为你的羁绊。如果一条育儿理念增加了你的育儿成本，请停下来想一想，是不是哪里理解错了，也许这条理念就不适合你的家庭。

遇到孩子不肯走路要抱抱的情况，我有时候会跟孩子说："妈妈也很累，我手上都是东西，我可以蹲下来抱一抱你，给你一点力量，我们也可以一起休息一会儿，因为我也挺累了，然后我再抱着你走，但这样很慢，我们就来不及去看演出了。如果宝宝还想看演出，就和妈妈一起加油，手拉手一起走。你想妈妈抱着你慢慢走赶不上看演出，还是勇敢地和妈妈一起走赶上看演出呢？你选吧。"

家长要很尊重地告诉孩子你的诉求、你的想法你对事情的整体计划，给孩子有条件的选择，让他们学会承担选择的成本。孩子明白后，会按自己的方式努力跟上你的脚步。家长要有"相信孩子"的育儿信念，相信孩子是愿意配合你的，相信他们的生命本能是愿意成长的，相信孩子是最爱你的。明白这一点后，就不难找到属于你和孩子之间最舒服、最快乐的平衡点，也不难掌握温柔而坚定的分寸。

06
有爱说话的
家长，
才会有爱说
话的孩子

孩子在 0~3 岁阶段，有三方面的能力发展很迅速：语言、动作、社交情感。其中语言的发展非常重要，对孩子其他能力的发展有联动性的影响。因为语言是抽象的概念，是左脑的思维，语言工具关联着表达，表达过程连着社交，连着情感，也连着小朋友的认知。所以家长在和孩子的日常沟通中，要充分利用机会向孩子提出问题，并进行有益的讨论。

比如在去公园玩的路上，看到一只大狗，孩子就可能会表现出对大狗的兴趣，很惊奇地跟爸爸妈妈说："狗狗好大啊！"这其实就是家长和孩子进行有效沟通的好机会，爸爸妈妈们可以抓住这个聊天的切入点，顺着孩子的话跟他聊，说："对，狗狗很大，它有灰灰的毛，看起来很温暖，而且这个狗狗特别高，我感觉都要跟宝宝一样高了，你觉得呢？你看到那个狗狗有多高了吗？是跟你一样高吗？"

和孩子沟通时，家长注意要像上面的例子一样，问得很清楚，很具体，慢慢地讲孩子听得懂的话。因为这样耐心细致的沟通过程，会让孩子享受到家长对他们的关注、对他们的爱，享受到表达的快乐和交流的快乐，也积累对生活的认知。

我们为什么必须看重孩子的语言表达呢？有一个关于 4 岁儿童的词汇和语言学习的干预实验可以说明这一点。20 世纪 80 年代，美国堪萨斯大学的研究团队，对 42 组来自不同阶层家庭的儿童的词汇和语言学习情况进行了为时 3 年的调查跟踪，研究发现：不同家庭背景的孩子在 4 岁时约有 3000 万词汇量差距的语言鸿沟，其中专业人士家庭的儿童到 4 岁时累计听到的词汇约有 4500 万，工薪阶层家庭的儿童累计听到的词汇是 2600 万，低收入家庭的儿童则是 1300 万。重要的是，研究者在对孩子进行干预实验后发现,即使定期跟孩子们做语言提升的专项训练,比如讲故事、读绘本、做互动游戏,专门提升孩子的词汇量,短期内孩子的词汇量会有提升,有比较积极的变化,但长期观察后,不同背景家庭之间,孩子的词汇量差距仍然存在。

所以孩子的语言发展与家庭环境息息相关,爱说话的家长才会有爱说话的孩子。但不一定给孩子说的多,孩子的语言表达能力就发展得好。

比如,我遇见过一个典型的案例:一个家庭中爷爷奶奶讲客家话,爸爸是香港人,跟孩子讲粤语,而妈妈成长在国外,跟孩子讲英文,大家互相交流时还会偶尔讲普通话,一个家讲4种语言,小朋友生长在这样的多语言环境里,到3岁时却不能说清楚一句话。这是为什么呢?因为每种语言的有效输入量不足,0~3岁的宝宝在多语言环境里要接收好几套语言的讯息,如果每种语言的输入量不够,语言发展速度就会比在单一语言环境里更慢一些。有效的输入是用孩子听得懂、听得进去的语言沟通,而不是自顾自说教或家长之间聊得开心,没人用心和孩子对话。

另外,亲子沟通时家长也要注重非语言信息的传递交流,因为家长在跟孩子说话的时候,孩子其实是听不懂太多字面信息的。比如"你今天吃饭了吗?"这一句话即便一字不改,但说话人用了不同的语调,听起来意思也会不一样,可以是亲切的问候,也可以是愤怒的质疑。孩子们对语言文字的理解有限,对非语言的信息,如眼神、表情、语音、语调、动作,反而更容易懂。所以在跟婴幼儿沟通时,家长如果想要他们更快听懂,就要在说话时有非语言信息的补充,比如表情、语气、肢体动作、眼神等等。

这里有 5 个跟孩子沟通对话的小技巧，能帮助您开启"让孩子听得懂"的有效沟通。

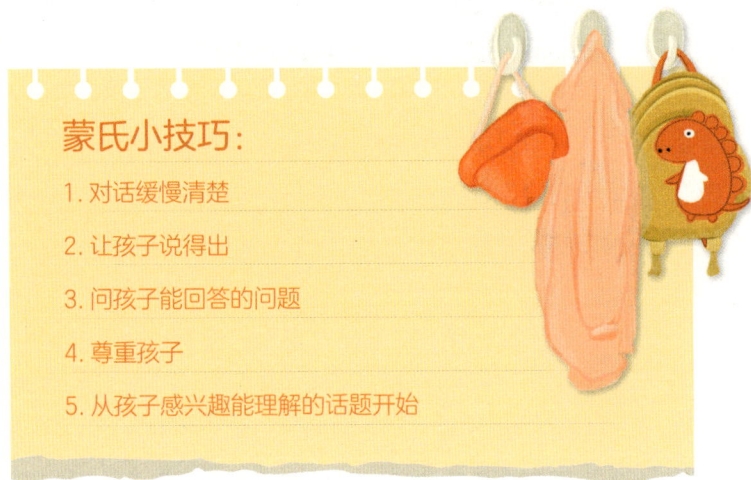

蒙氏小技巧：

1. 对话缓慢清楚

2. 让孩子说得出

3. 问孩子能回答的问题

4. 尊重孩子

5. 从孩子感兴趣能理解的话题开始

①——对话缓慢清楚

和孩子沟通时，家长们首先要注意用词的准确性和难易程度，尽量不要用复杂的词汇和句子，因为刚到这个世界的小朋友们在学习一门"新语言"。家长们可以想想看，如果你跟刚刚学中文的老外说话，肯定不会说得很复杂，一定是重复说简单句，还要说得很慢。

关于说清楚，还有一个小技巧家长们可以注意一下。孩子在 1.5 岁的时候，刚刚开始发展自我认知，很容易混淆"你、我、他"这 3 个概念，分清楚第一人称和第二人称都不容易，更别说第三人称了。为了让宝宝们听得懂，家长可以多用名字来和他们对话，比如我们蒙氏老师就会习惯给宝宝们说"杨帆老师今天给大家讲一个故事""杨帆老师很喜欢和彤彤一起跳绳""谢谢彤彤告诉杨帆老师，彤彤喜欢吃苹果"等等，这样去表达，可以帮助孩子避免在认知发展早期因为分不清"你、我、他"而造成的理解障碍。

②——让孩子说得出

　　和孩子交流，当然不只是家长单方面对孩子说，更要耐心地等孩子回应。家长要明白，大人在问完问题之后，孩子们需要时间去理解大人的话，然后思考做出反应，最后才能把答案说出来。但很多时候还没等孩子反应过来，还没说的时候，有的家长可能已经等不及了，会帮孩子讲出答案。可孩子其实准备了很久，马上要说出来了，却在最后时刻被抢了台词，心情肯定非常沮丧，还有可能破坏孩子主动表达的积极性。

　　某天早上，我在幼儿园接一个小女孩入园，她穿了新裙子。我跟她奶奶打了招呼后，蹲下来看着她的脸说："你的新裙子真好看，是妈妈买的吗？"小女孩很开心地看看自己的裙子，想了五六秒，刚开口说话："嗯，不，不是……"奶奶等不及就抢答说："这是我给宝宝买的新裙子。"小女孩眼睛里的光一下暗了，小嘴撇了撇，低下了头。这样的场景在我的职业生涯中，比比皆是。

　　所以家长们要给孩子说出来的机会，他们的节奏相比成人肯定会慢一点，我们要耐心等他们回应。人与人交流，本来就是你说一句，我说一句。

③——问孩子能回答的问题

　　在和孩子一问一答的过程中，家长们要注意尽量避免提出开放式的问题。因为对 0~3 岁的婴幼儿来说，他们独立思考的能力和语言组织能力还在发展中，所以他们对常见的"接下来你想做什么？""今天你想吃什么？"这类开放式问题还不能马上做出有效的回答。家长们可以回想一下，在那些孩子总回答说"我不知道"的场景中，是不是都藏了一个类似于"今天宝宝在幼儿园玩什么了？"的开放式问题。

所以家长在和年龄很小的孩子交流时，应该多问"今天想穿蓝色裙子出去玩吗？"这种有预设答案的封闭式问题，或者问"今天穿蓝色裙子还是红色裙子？"这种选择题，等孩子再长大一些，再用开放式问题交流。

4 —— 尊重孩子

有时候，家长们会告诉我，他们发现把孩子送到蒙氏老师这里，老师们很容易吸引到孩子的注意。这其实是因为老师们尊重孩子，把他们当成大人一样沟通，孩子会很享受这种被尊重和被重视的感觉。比如蒙氏老师跟孩子说话的时候一定会蹲下来，让孩子在平视状态下看到老师的眼睛、老师的表情，感受到老师对他们全身心的关注。因为很多小朋友在生活中很少会有被成人尊重的机会，经常遇到大人的敷衍和不耐烦，所以孩子就会觉得"我被老师接纳了"，会很想跟这个老师说话、玩耍。所以学会尊重孩子，才是让孩子喜欢跟你说话沟通的关键。

5 —— 从孩子感兴趣能理解的话题开始

家长有时怀抱着期待，希望和孩子开启一段有效的高质量沟通，但常常会遇到和孩子聊不下去的局面，这时候如果家长能找到孩子感兴趣的话题就会事半功倍。比如孩子很喜欢汽车，家长就可以抓住汽车这个点和孩子聊下去，聊和汽车有关的话题，比如汽车的颜色、用途、分类、开汽车的方法等等。不过如果孩子没有表现出来兴趣点，家长也不用着急，可以从平常的生活细节聊起，因为这是孩子最熟悉的话题。家长可以和孩子交流穿的衣服、吃的饭，聊聊爸爸妈妈的情况，用孩子熟悉的话题和他们展开交流，让孩子多说多表达。

家长实践

① 因地制宜，为孩子设计一个可以独立换鞋的玄关：

▶ 用小鞋架和衣帽架为孩子提供有限的选择，注意根据孩子年龄调整换鞋凳的高度，让小朋友坐得舒服。

② 带孩子认识社区里的各种设施和建筑：

▶ 选择附近步行可达的地点，如学校、医院、超市等，和孩子规划一次探索活动，如找某个特色地标拍照打卡或完成买牛奶的任务，通过这次活动，向孩子介绍你们周围的生活环境。

③ 为孩子准备探索大自然的游戏，可参考以下做法：

▶ 给宝宝一个收纳筐，带宝宝到大自然中收集各种颜色的落叶，回家后和宝宝一起把落叶做成一幅拼贴画，挂在家里做装饰品。

▶ 感官训练活动：用家里的积木、绘本、生活用品等做参照物，和宝宝一起在大自然里找到对应的形状、相同颜色的花朵，甚至对应的小动物，让宝宝在生活中、在游戏中锻炼自己的感官，提升感受美、发现美的能力。

● ●

　　俯下身子，认真倾听，了解孩子的需求，尊重孩子的每一个想法。孩子"被看到"和"被听到"，是孩子建立自信和自我认同的基础，也是家长和孩子建立亲密关系的核心；而让孩子觉得自己"被需要"，则是他们成长的强大动力。因为 3 岁以前，孩子感知世界的方式与大人截然不同，他们像海绵一样吸收着外界的所有信息，渴望探究周围的一切事物，也渴望成为家庭的一员、社会的一员，融入"新"世界。

　　如果我们敞开世界的大门，让孩子进入其中，生命本能的好奇会驱使他们主动学习为人所需的各种技能。所以在日常生活里，我们可以让孩子感受到"Ta"有能力帮助别人，我们的生活需要"Ta"；让孩子觉得"Ta"可以在一些场景中扮演非常重要的角色，有些事情非"Ta"不可；让"Ta"觉得自己"被需要"，从而点燃孩子的"成长引擎"。

第五章
午餐时间

01
婴幼儿和成人学习模式的差异

在本章的开始，我们一起来探讨一下婴幼儿的学习模式。

首先我们要思考的问题是，婴幼儿是怎么学习的，婴幼儿的学习方式和成人的一样吗？稍微熟悉孩子的人都知道，答案必然是否定的。如果您了解过蒙台梭利的教师培训，可能会知道蒙台梭利的教师认证分为 0~3 岁和 3~6 岁两种。教师根据自己的兴趣和工作需要考取不同的证书，两种证书的学习时长不一样，学习的课程内容也有很大差异，这种差异源自两个不同年龄段孩子的生理和认知发展特点。不同年龄段孩子的学习模式已经有所区别，更何况婴幼儿和成人。

▲ 婴幼儿和成人注意力的差异

如何理解婴幼儿和成人学习模式的不同呢？从婴幼儿和成人注意力特征的不同来说，儿童学习和发展研究领域的知名学者艾莉森·高普尼克在《宝宝也是哲学家：学习与思考的惊奇发现》一书中提出，婴幼儿的注意力像灯笼，成人的注意力像聚光灯，随着年龄的增长，意识领域会变得狭窄，即我们知道的越多，我们所看见的就越少。

这一观点为我们理解婴幼儿感知世界的方式提供了思路。家长们可以回想一下，我们在一个已经熟悉了的环境中，是不是对四周的变化不再那么敏感，但如果去陌生的地方旅行，就会充满好奇，还能捕捉到平时生活中容易被忽略的种种细节。

婴幼儿对外界的感知也像身处陌生之地的成年人。婴幼儿的神经元连线是成年人的两倍多，高度活跃的大脑意识和新鲜丰富的感官刺激，让他们体验着周边的所有事物，所以他们不可能像成年人一样专注地坐在一个地方，一心一意地只做一件事，即婴幼儿的注意力像灯笼一样，不能很好地控制自己关注的目标。

婴幼儿更多依靠无意识地吸收外界信息来学习。他们未定型的大脑结构，可以毫不费力地从周围的环境吸收大量的信息，并通过吸收和内化日常生活体验来获得自身心智的成长，也就是说婴幼儿是通过与环境的不断互动来获得经验和知识，以及促进大脑发育的。

蒙台梭利教育发现了 0~6 岁儿童具备的这种神奇的"吸收性心智"，这和成年人用已构建好的大脑带着固有思维去学习的方式不同。正是真实生活里看似平凡的每一天，给孩子提供了丰富的刺激和经验，孩子的大脑将来自生理（身体的感官体验）和心理（大脑的认知刺激）的经验进行分类和重组，让他们最终形成了自己的心智。

02
通过厨房教育把生活示范给孩子

构成孩子自我成长的内驱力中，有一点非常强大，就是孩子渴望融入当下的环境，想成为家庭的一员，想成为社会的一员，想成为地球的社会人。家长要怎么做才能最大程度上激发孩子的内驱力呢？其实不用刻意去教育孩子，在普通的日常生活中，家长也可以点燃孩子的内驱力，比如充满人间烟火气的厨房，就是绝佳的教育场所。

结束上午愉快的外出时光返回家中，休息一下，准备午餐就成了头等大事。很多家长这时候会选择把小朋友支开，让他们去玩游戏，或者看动画片，但其实不需要这么做，让孩子在厨房观看家长的工作，也是特别好的教育——在国外，这也被称为"厨房教育"。

厨房教育的概念很好理解，就是在厨房把生活示范给孩子，给他们机会观察厨房里食物最原始的样子，比如看一看、摸一摸各种蔬菜，闻一闻油盐酱醋等。让孩子在观察中了解生活常识，对生活产生兴趣，进而萌发互动、体验的兴趣。

有很多妈妈，在家庭里实践蒙氏教学的时候就会有困惑，发现小朋友并不是我们想象中那样对生活充满了热情。其实是因为孩子在两三岁的时候，就已经被拒绝很多次，诸如"危险！不要捣乱！不要帮倒忙！这个不是你的事！"之类的话，他们已经听到太多太多次了，他们探索世界的热情都快要被消磨耗尽了。所以家长想让孩子参与进来，就需要鼓励孩子，给孩子重新恢复热情的时间。

家长都知道，鼓励孩子最基础的技巧，就是正面肯定孩子，表扬他们的努力和做事情的细节，让孩子明白自己做对了什么。

还有另一种鼓励参与的技巧，就是通过表达感谢让孩子有一种被需要的感觉。比如家长可以常常对小朋友说"谢谢你的帮助，多亏有你，爸爸妈妈才完成了这件事情"，还可以引用事实说"妈妈看到，你刚才很认真地用手来回搓洗，把苹果的灰尘洗干净了，谢谢你帮助我"，或者说"妈妈最喜欢吃你剥的香蕉，你总是剥得很仔细、很认真"等。不要小瞧这些话，像这样的赞许，小家伙们是很受用的。

03
打造对孩子
友好的厨房
环境

工欲善其事，必先利其器。 在鼓励孩子参与厨房工作之前，我们需要为孩子准备一个友好的厨房环境，让厨房能够帮助和支持孩子完成工作。比如在厨房放一个让孩子洗菜能够到水池的踏步脚凳就是有准备的环境的一部分。有了脚凳，天生爱玩水的孩子就会变成一个爱洗菜的小助手，他们玩了水也帮助到了妈妈，获得了感官体验，还提升了责任感，可以说是一举多得。

从厨房脚凳打开思路，家长们可以设身处地思考一下还有哪些东西可以提供给孩子，又有哪些需要注意的地方。帮手塔、手套/手指抹布、小刷子、儿童洗涤剂，这些来自蒙氏育儿环境里的常见物品，也许能给您带来一些启发。

帮手塔

图示的木质阶梯脚凳叫作帮手塔（英文为 Learning Tower，也译作"学习塔"）。孩子使用帮手塔时，它的扶手和围栏能让孩子舒服又安全地参与厨房工作。如果家里空间充足，家长们可以考虑购买或制作一个帮手塔；如果家里空间有限，则可以使用高度合适的脚凳来代替帮手塔。过去有一段时间我们家脚凳的高度不够，所以我把家里带靠背的餐椅拿进了厨房，让餐椅有靠背的一

▲ 帮手塔

边朝水池外，我站在孩子的旁边，再加上料理台和柜子的支撑，四边围起，手动打造了一个"低配版"帮手塔。家长们可以根据家庭实际环境因地制宜，只要能保证孩子前后左右四个面是安全的，其他都丰俭由人。

手套/手指抹布、小刷子、儿童洗涤剂

▲ 手指抹布

▲ 手套抹布

"手套抹布"是我们在第一章介绍过的，能帮助小朋友擦桌子的实用小工具；手指抹布与手套抹布类似，但尺寸更小，刚刚够宝宝放入两根手指。

手指抹布不是用来擦桌子的，而是用来擦亮镜子或者擦很精细的物品的。手指抹布可以作为手套抹布的进阶挑战，在孩子能熟练地使用手套抹布擦桌子之后，再给他提供对应的进阶工作，比如擦拭物品等简单、清楚、完成标准宽松、能继续点燃孩子兴趣的家务活动。幼儿用两根手指进行擦拭，也是非常好的精细动作练习，能锻炼专注力和耐心。在蒙台梭利教室里，我们常常引导孩子擦拭日常使用的桌面镜子和餐桌上的小花瓶，培养孩子照顾环境的能力。

▲ 适合孩子抓握的小刷子

▲ 给孩子的洗碗刷

在孩子洗蔬菜、洗碗时，准备一个尺寸大小适合孩子一把抓握的、可爱的小刷子，能让孩子多一种玩水的花样，既增加了孩子清洗的乐趣，也让清洗更有效率，比如在洗土豆时，小刷子就会派上大用场。不过家长要注意给孩子不同的刷子，分清楚洗菜刷、洗碗刷等，一方面是为了让孩子比较容易区分，另一方面也是为了保证厨房环境的干净卫生。

讲到卫生，厨房的清洗工作多半都少不了洗涤剂的参与，但家长们也许会担心蔬菜残留有洗涤剂的化学成分，给孩子带来伤害。我建议家长们可以考虑用奶瓶洗涤剂代替普通洗洁精，因为市面上售卖的宝宝奶瓶专用洗涤剂通常采用的都是可食用原料，完全可以用来洗蔬菜、洗碗，还能让孩子在洗东西时玩泡泡，一物多用，让家长放心，也让孩子开心。

为孩子打造友好的厨房环境，鼓励孩子多参与厨房工作。当孩子在厨房越待越久后，随着年龄的增长，他们自然会产生独立做饭的渴望。下一页这个案例，一定会让每位用心教育孩子的家长感到十足欣慰：借助图中出现的工具，6 岁的小朋友竟然可以自己做意大利面！

　　这是来自我们周围蒙氏家庭的真实案例，是蒙台梭利教育倡导"有准备的环境"的神奇力量！小朋友因为很喜欢吃意大利面，所以自己尝试着炒肉酱和煮意大利面，完全靠自己动手，一步步完成了他吃一碗自己做的意大利面的心愿，成就感满满。孩子能够完成这个具有挑战性的任务，其实是因为家庭厨房环境和做饭工具支持到位：爸爸妈妈为他准备了小号的电磁炉、小尺寸的锅和铲子，还把食材按分量一盘一盘准备好，告诉了孩子制作意大利面的步骤，以及使用工具的注意事项。如果家长什么都不做，直接让孩子用炉火灶台，那么后果几乎不可想象。

孩子独立做意大利面的环境

04
让孩子和厨房建立连接

我们强调提供有准备的环境帮助孩子进行学习和探索，但环境准备好了，家长也要注意引导孩子，做孩子和环境之间的桥梁，让孩子跟环境发生互动，在实践中学习、成长。在厨房教育场景中，如果您能注意以下 4 点，也许孩子会更容易和厨房发生互动、建立连接。

蒙氏小技巧：

1. 从孩子能做的事开始要求

2. 允许孩子倦怠

3. 控制难度，提前准备

4. 在孩子快崩溃时及时介入

❶ 从孩子能做的事开始要求

家长首先需要明白，对年龄很小的孩子来说，只做一点点也是参与。小朋友能力有限，不要指望他们一开始做事情就能一步到位，还能持之以恒，养成好习惯——几乎没有这样的事情。不要说年龄小的孩子，有时候很多大人都很难达到这样的状态。

人的学习和成长，都有一个循序渐进的过程，所以我们建议家长在刚开始的时候，让孩子从一些力所能及的小事入手，慢慢参与进来。比如家长让小朋友帮忙准备餐桌，这个过程很复杂，可以在第一天的时候，只请孩子帮忙把椅子搬过来，第一次小朋友可能只会摆好一把椅子，然后就跑开了，这时千万别指责说教。

虽然我们可能需要的是三把椅子，但孩子搬了一把椅子也是参与，我们不要因为孩子做得不完美就去苛责他，也不要说出"你怎么只搬了一把椅子呀？"这种类似质问的话，要多多给予孩子鼓励和肯定，这样才不会伤害孩子参与的热情。孩子总是被肯定，才容易获得成就感，第二天才会继续参与，才有机会继续进步。

② —— 允许孩子倦怠

小朋友学着做事情时，常常有今天愿意做，明天可能也做，后天却不想做了的现象。退缩的原因有很多，有时候可能是他们在学习过程中感觉到有挑战有压力，有时候可能是他们有其他更想做的事情，也可能是孩子今天困了、饿了、累了、情绪不好等，这些都会影响孩子做事情的状态。遇到这些情况，家长切记千万不要强制性地要求孩子完成任务，引起孩子对任务的反感。

家长应该寻找孩子退缩的原因，理解和包容孩子的倦怠，保护孩子做事的热情和积极性。当孩子表现出倦怠，我们可以给孩子一些新鲜感，比如换一块新的、图案特别的抹布，或者帮小朋友编一首洗碗歌，和孩子一起边唱边做。我们也可以答应今天先帮孩子做，并约定第二天需要孩子自己认真完成，给他们一点空间，让他们按照自己的节奏学习吸收。最后，你会惊奇地发现，在孩子 0 ~ 3 岁阶段，当他们情绪变好后，之前的对抗和不讲理大概率都会消失！

等孩子长大了，上学做作业时，道理也一样，如果我们为了一两道孩子不想做的题，逼迫孩子，让他对学习产生恐惧心理，抗拒学习，是非常得不偿失的。多多理解、包容孩子的倦怠，给予孩子好的引导，保护孩子对学习的热情和积极性，你会收获一个充满爱和自信的"小牛娃"。

③ —— **控制难度，提前准备**

上面分享的案例中有提到控制孩子的工作难度，在具体场景里，我们蒙氏老师建议家长们可以让孩子面对一点点挑战，做一些他"踮踮脚"才能完成的事情，不要"一口吃成一个大胖子"，也不要强求孩子超越同龄人。因为每个孩子的过往经历都不一样，一定要慢慢调整。在孩子刚开始做的时候，家长可以在旁边从头到尾仔细观察，看看孩子有什么地方做得不好，下次就可以针对问题做出流程和工具的调整，也可以把孩子不会的关键环节仔细示范一下，支持孩子做得更好。

比如择菜，刚开始我们可以让孩子只处理一棵小青菜，或者只是把某一部分掰下来。过一段时间后，就可以让孩子多处理几棵小青菜，慢慢等孩子经验丰富了，就可以给他们不同的菜，比如豆荚、大蒜、韭黄，到最后甚至可以给孩子钝的圆头剪刀，让孩子剪西蓝花，把择菜过程变得更有趣。

孩子能熟练择菜后，就可以让他们加入洗菜环节。洗菜和择菜一样，家长要有预先控制难度的意识，比如茄子、土豆、黄瓜，这种比较大块、耐磕碰的菜，都适合孩子上手。那些容易损伤、不耐摔的菜，可以晚一点给孩子。随着孩子渐渐长大，家长就可以根据孩子的表现和经验储备情况，考虑让孩子切菜、煮菜等等，有选择地分配给他们一些独立的备餐工作。

④ —— **在孩子快崩溃时及时介入**

我们刚才强调在小朋友刚开始做一件事情的时候，家长一定要在旁边观察，发现不合适的地方及时调整，但这里的观察主要是指对环境中的问题进行观察，调整也是对环境的调整，而不是干预孩子做事。除了观察环境存在的问题之外，家长还应该观察什么呢？答案是观察孩子的表情和状态，通过观察判断他们是否需要帮助，以及需要帮助的程度是否急切。

　　蒙台梭利教师培训课程中，会要求教师能够把握到孩子最需要帮助的临界点，但家长天天陪伴着孩子，熟悉孩子的一举一动，应该能更容易发现孩子着急快崩溃的时候。有时候孩子是有能力自己完成的，但会有一些小坎坷，我们平常多观察几次，就知道小朋友们大概能做到什么地步，到什么时候会着急崩溃。掌握了孩子最需要帮助的临界点，家长就可以及时引导，把孩子从崩溃的边缘拉回来，让孩子顺利释放自己的能量，在完成任务的同时，体验应对挑战的过程，获得"自己也能做好事情"的成就感。

05
如何让孩子爱上吃饭?

　　孩子参与做饭的时候总有很多乐趣,但到了吃饭时,许多家长就会遇到一个非常头疼的问题:孩子挑食怎么办?其实小朋友的饮食丰富化是一个过程,是从喝母乳到慢慢适应家庭饮食习惯的逐渐转变的过程。这个过程需要很长一段时间,孩子消化系统需要发育,进餐技能需要学习,以及对食物的选择和适应都需要时间。不要说小朋友爱挑食,我们问问自己,作为一个成年人,是不是也有不太爱吃的东西?

　　我们要做的就是每次吃饭时都给孩子提供营养均衡、种类丰富的食物,让孩子能先接触到各种食物,假设一种新食物在孩子面前出现了 10 次,总有一次他们会主动尝试。平时,我不管是在家里还是在教室,都会像对待大人一样向孩子去解释我们为什么要吃土豆,为什么要吃鸡蛋,因为我们要保证营养的均衡,维生素、蛋白质、碳水化合物等等都要有摄入。虽然孩子会听得懵懵懂懂,但我们一开始就用准确的词语,跟他反复地讲,慢慢孩子就会明白营养均衡的重要性,明白到底什么是碳水化合物,什么是蛋白质,什么是膳食纤维,等等,这些概念其实并没有大家想象的那么高深,不需要绕很多弯。孩子也会明白:"我不吃蔬菜,妈妈生气,是因为妈妈希望我获得维生素,而不是妈妈觉得我不乖。"

　　所以我们不建议家长一开始就要求孩子要顿顿饭都吃得营养均衡,让孩子先喜欢吃饭,比他今天有没有吃下一盘青菜更重要。假如小朋友不爱吃炒老豆腐,我们可以试试炒嫩豆腐,或者把老豆腐做成炖的、煎的等等,让豆腐以不同的样子反复出现在餐桌上,总有一次家长会发现孩子喜欢吃的"豆腐"。因为有时候问题也许很简单,把菜换个做法,孩子就爱吃了。在孩子挑食时,我们尽量不要强迫,有时候也不是食物的问题,可能是他们心情不好,肚子不饿,或者某种搭配的菜品让他们不喜欢。如果家长强迫孩子吃，食物本身可能就被孩子打上了负面的压力标签，让孩子更讨厌这种食物。

育儿观察：

在幼儿园的工作经验让我观察到，在家庭中，往往越是在意孩子的营养均衡问题，越是每顿饭都精心准备、刻意纠正孩子挑食，孩子就越是不爱吃饭。原因很简单，这样的环境下，孩子没法享受吃饭的乐趣，每次吃饭孩子都在被说教指责，相当于父母把养育的压力传给了孩子。

总之，给孩子提供健康愉悦的进餐体验，比让他们吃饱、吃得营养均衡更重要。在婴幼儿时期，特别是给孩子刚刚添加辅食的时候，吃饭进食对孩子来说，更是一种学习体验。添加辅食的过程，是孩子养成吃饭习惯的学习过程，不是要让孩子把辅食当饭吃，这期间的关键是让孩子爱上吃饭。

延伸案例：孩子自主进食的好处

2017 年，发表在美国医学会期刊《儿科》(JAMA Pediatrics) 上的一篇研究论文，用随机对照试验的方法，对采取自主进食和传统辅食喂养方式的两组婴儿在 12 月龄和 24 月龄时，身体质量指数（BMI）、饮食行为以及能量摄入的情况进行了比较分析。结果显示，无论 12 月龄还是 24 月龄，两组婴儿的 BMI、能量摄入值和肥胖率都没有统计学差异。而且在饮食行为方面，相较于传统辅食喂养组，自主进食组的孩子更少出现挑食情况，并且更加享受食物。这说明父母减少对孩子进食的干扰，让孩子自主进食，有助于孩子养成良好的饮食习惯，提升自我管理能力。

06
午餐时间的礼貌养成和自我管理

午餐时间，也是一个让孩子养成礼貌待人习惯、学会自我管理的好机会。有次我去朋友家做客，在午餐时间，就遇到了一个很符合蒙氏理念的场景。妈妈给小朋友做了很好吃的鸡蛋饼，吃完后，小朋友让妈妈帮忙给他拿张纸擦手，但没有说"谢谢"。妈妈就很温和地问："请求别人帮助时，我们应该说什么呢？"小朋友思索了一会儿，说："请给我一张抽纸，谢谢妈妈。"妈妈就笑着答应了。

为什么要讲这个事情呢？是因为很多时候，家长可能觉得在家里还这么客气会不好意思，甚至还有些奇怪。但如果你想培养有礼貌的宝宝，那就应该先对孩子有礼貌，让孩子先在家里学会懂礼貌。因为小朋友刚接触世界，正是大量吸收信息的时候，父母在生活中的一言一行，对他们来说就是课程，所以我们不要觉得到了公共场合才要说"请""谢谢"。像如何打招呼、在什么时候说"请"和"谢谢"、怎样去朋友家做客等等，家长都可以列入教育清单，一件件教给小朋友，毕竟家才是小朋友的第一课堂。

育儿观察：

有些家长会有吃零食的习惯，如瓜子、薯片、巧克力等都是家庭常备。但家长是孩子的第一任老师，尤其在小朋友开始建立饮食习惯时，家里如果总是能看到大量零食，小朋友也许就会很难控制自己，沉迷于吃零食。所以家长在苦恼孩子饮食习惯不健康的时候，应该先检查一下自己是不是有良好的饮食习惯。

　　我们都知道，糖吃多了，龋齿、肥胖、糖尿病等问题极有可能会接踵而至，给孩子的健康成长带来不好的影响。所以家长通常都不想给孩子吃糖，特别是有很多添加剂的零食糖果，更想要孩子避开。但现实往往不能让家长如愿，因为大多数小朋友很难拒绝糖果带来的多巴胺诱惑，喜欢吃糖几乎成了孩子的一种天性。我们要让孩子学习的，就是怎么样去拒绝糖果的诱惑，去控制自己的欲望。这需要我们和孩子一起，帮助他们在整个童年时光进行自我管理，让小朋友学会理性地拒绝那些像糖果一样，能让人获得即时满足的东西。

蒙氏小技巧：

　　家长们可以向孩子讲清楚我们为什么要控制吃糖，和孩子一起定好吃糖的时间和分量，让孩子学会自己管理自己。比如和小朋友约定，一天可以吃一颗糖，以及约定好吃完糖之后要怎么办：是要漱口，还是要刷牙？家长可以每天放一颗糖在孩子小餐桌固定的位置上，告诉他：你每天都有一颗糖，你可以在任意时间吃，也可以在固定时间吃，比如午饭后，或者下午。

　　总之，控制吃糖作为一种欲望管理，也是孩子学习自律的过程，很难一蹴而就，但只要家长们具有培养孩子自律的意识，慢慢在生活中给孩子机会练习，小朋友也会渐渐懂得如何正确处理欲望和规则的关系，从日常小事中养成自律的优秀品质。

07
培养孩子
独立午睡

午餐结束，小朋友就要准备去午睡了。不过家长经常会把午睡当成强制的休息，给小朋友说"你一定要睡午觉，小朋友不睡午觉会长不高"，把压力传递给孩子，让午休不再是放松，反倒成了一种有压力的任务。

我们常说"欲速则不达"，家长的压力往往会让事情变得更糟，相信每个家长都想让孩子好好睡午觉。但睡不睡午觉，怎么睡，都要根据孩子的特点和当天的心情来具体判断。

因为每个孩子天生的能量强度都不一样，我曾见过一个1岁多的小朋友一天只在晚上睡8个小时，白天从来不午睡。按常理，1岁多的婴儿白天还要睡两觉。为此他的爸妈就很焦虑，带孩子去检查，其间他爸妈还试了很多办法，每天早上一起床就立刻出门，推着小孩出去玩一整天，想让他玩累一点，但孩子白天还是不睡觉。最终每个月固定体检后，他们发现孩子的身高等各项发育指标是正常的。

所以每个孩子都有个体差异，有的就是天生活动量大，精力旺盛不需要午睡。我们说午睡，其实也不要求孩子一定要睡着，也可以是让他在床上安静地躺一会儿。工作中，我们蒙氏老师经常会遇到小朋友跟我们说："老师，我不想睡觉。"我们就会跟小朋友讲："可以呀，你可以睁着眼睛，躺在床上休息。因为这个时间段是大家的休息时间，如果你想睡觉就睡觉，如果你不想睡觉，睁着眼睛休息就好了。"通过这样没有压力的引导方式，大部分孩子在入园1个月之后，都适应了幼儿园的作息，能够按时午睡。但每个孩子的睡眠时长不同，前后可以相差1个小时左右，有经验的老师会让精力旺盛的孩子晚一点睡，早一点起床，因人制宜，尊重孩子的天性。

当孩子说不想睡觉的时候，我们要营造的其实是一种柔和安谧的氛围，让孩子把午睡当成放松和休息的时间，并不是让他们觉得午睡就是一定要睡着。我们可以先让小朋友躺下盖着被子休息，给他们身边放一个小玩偶，拉上窗帘，讲一个绘本故事，像晚上睡觉前一样，让孩子慢慢熟悉固定的入睡流程。等孩子完全理解一天之中在什么时间段该做什么，形成自己的生活节奏，他们就能明白："哦，看到拉窗帘和小兔子玩偶，就代表我这个时候应该要睡觉了。"在我们蒙氏幼儿园，之所以把孩子能够自己午睡作为入园新生的最后一关，也是因为独立入睡是一种需要培养的技能，需要给孩子一点时间让他们适应。

家长实践

① 给孩子设置固定就餐区：

▶ 给孩子准备专属餐具，和孩子一起商量，布置优美、有仪式感的进餐环境，比如购买一张好看的桌布。

▶ 如果孩子爱吃糖果零食，家长可以和孩子约定每天的食用量，准备一个专属透明零食罐，将每天的糖果零食放在零食罐里，并放在固定区域，尝试让孩子自己决定什么时候吃。

② 参考本章中帮手塔、宝宝工作台、收纳柜等设计，在家庭厨房中为孩子打造友好的儿童区域。

③ 根据孩子的年龄阶段，为孩子准备在厨房中完成的工作：

▶ 不需要用到厨具的活动，一般适合年龄较小的孩子，比如剥橘子、剥豆子、揉面团、洗苹果等。

▶ 一些需要力气和专注力的活动比较适合 3 岁以上的孩子，比如用波浪刀切香蕉和胡萝卜这种大块果蔬、打鸡蛋、挤橙汁等。

▶ 家长也可以为孩子准备好食材，让孩子分步体验做菜的过程，比如在拌蔬菜沙拉时，可以先让孩子挑选喜欢的蔬菜进行组合，后期再学习调酱汁。

· ·

20 世纪 60 年代，心理学家研究发现，无论年龄大小，也不限职业类别，世界各国的人们在从事自己喜爱的活动时都可能会获得一种完全沉浸其中、无视其他事物存在的独特体验，也因此常常爆发出惊人的创造力，这种独特的体验被称为——心流（Flow）。人们进入心流状态后，会在意识的和谐中感受到身心的协调一致，从而体味到生命的璀璨丰富，内心充满力量，产生能自主掌握生命的幸福感。

对小朋友来说，心流体验可能出现在他们用小手一层一层搭起积木城堡的时候，也可能短暂地出现在他们推着小车来回前行的某一瞬间。这些我们成年人不在意的时刻，无一例外都是孩子专注力发展的宝贵机会。但时刻被家长关注渴不渴、热不热，叮嘱别乱摸别乱动别乱跑的小孩子，几乎没有获得心流体验的机会，所以孩子的专注力难以发展，长大后容易出现各种各样的学习问题。蒙台梭利倡导，家长应该提供丰富安全的环境，放手让孩子自己玩，在玩的过程中孩子才有机会进入专注状态，感受进入心流的愉悦，在心流带来的幸福感中，孩子的探索欲和专注力会得到进一步的激发，从而迈入良性的成长循环。

第六章
自己玩

01

打造支持孩子自己玩的玩具区

要让孩子能在玩耍中进入专注状态，首先需要家长打造一个支持孩子自己玩的玩具区。有一个在自己认知和能力范围内的玩具区，是孩子能专注玩耍的重要前提。如果小朋友周围的玩具总是乱七八糟，数量太多，他们玩的时候找不到自己想要的，肯定会不断停下来向大人求助，自然很难达到专注。

所以我们为小朋友布置玩具区时，要注意下面这 3 点。

蒙氏小技巧：

1. 分类清楚　　2. 能让孩子自主取放　　3. 玩具数量可控

❶ ── 分类清楚

分类清楚很容易理解，就是对小朋友的所有玩具有一个简单的分类，让积木、小汽车、图书、动物模型、画画工具等都有各自的位置。对于 3 岁左右的孩子，家长可以和孩子一起把所有玩具拿出来，讨论分类方法，按大小、功能整理收纳，这也是数学概念启蒙的好机会。

❷ ── 能让孩子自主取放

自主取放是说给孩子放玩具的地方不能太高，装玩具的桶和箱子也不能太大，要让孩子能自己把玩具拿出来也能放回去，透明可视的材质更便于查找。有的家长会用带盖的收纳盒做玩具区，看起来整齐清爽，但如果孩子月龄比较小，需要开盖的收纳盒就不利于他们自主取放玩具，把带盖的收纳盒换成敞口收纳盒或格子柜会更好一些。

❸——玩具数量可控

　　玩具数量可控这点非常重要，小朋友的玩具会越来越多，但不是所有玩具都要在小朋友的玩具区展示出来。比如给 1 岁左右的宝宝设置玩具区时，建议家长摆出来的玩具数量不要超过 14（宝宝的月龄数 +2）件，让玩具数量在小宝宝的掌控范围之内，才不会让小宝宝觉得玩具太多收起来太麻烦而乱丢。其他未展示的玩具，可以收纳起来，根据孩子的兴趣和成长需要，分期分批轮换给孩子玩耍。

　　接下来，我们从几个案例看看具体如何在家里面设计玩具区。

　　下面这张图展示的就是很标准的蒙氏家庭环境了，我们可以看到玩具区有很大的空间，玩具都摆得清楚可见，数量也在孩子的控制范围内，值得家长们借鉴参考。

▲ 标准的蒙氏家庭玩具摆放（成都高新区花生妈妈拍摄）

下面这张图，家长合理利用了阳台的空间，用两层柜子摆放了孩子的一些玩具，还在墙上挂了布袋子，作为简易的绘本架。但如果可以的话，我建议最好用透明的袋子装绘本，让孩子能直接看到绘本封面，易拿易放。另外，这个案例里还有一个亮点非常值得家长学习，就是用纸盒做托盘，帮助孩子给玩具分类，这一点非常符合因地制宜、丰俭由人的蒙氏家庭环境创设理念。

▲ 利用阳台空间设置的玩具区和阅读区（北京朝阳区 Harry 妈妈拍摄）

前面案例展示的格子玩具架确实不错，但如果您家里只有普通的架子，也不用特地去买格子玩具架，给纸盒涂上颜色，粘上美观的书皮纸，也能起到收纳整理甚至装饰的作用。

下一页这张图的玩具区就需要进一步调整，虽然能一目了然地看到每件玩具的位置，但数量有些多了，孩子取放时很容易弄乱，而且这样把所有玩具都平铺在地上也比较占用空间。建议家长们在准备玩具区时，每个托盘尽量只放 1 件或 2~3 件同类玩具。

　　分批放置玩具非常重要，很多时候玩具收纳整理之所以成为一个问题，是因为家长希望孩子玩到很多玩具，把有些他们玩不了的玩具都摆了出来，把有些他们已经不爱玩了的小月龄简单玩具，也堆在玩具区。但玩具区其实也要随着孩子月龄的增长而调整，家长要至少每个月观察一次宝宝的玩具区，做一次调整，把不合适、孩子不爱玩的玩具收起来。这样玩具区就都是孩子喜欢的玩具，孩子就能玩得更投入，把一件玩具延伸创造出更多有想象力的玩法，而不是只把快乐寄托在买下一个新玩具上，放弃对已有玩具的探索创造。家里玩具很多，孩子却还是总想买新玩具的家庭，就可以试着把玩具分批放置，让孩子自主取放分批替换着玩。

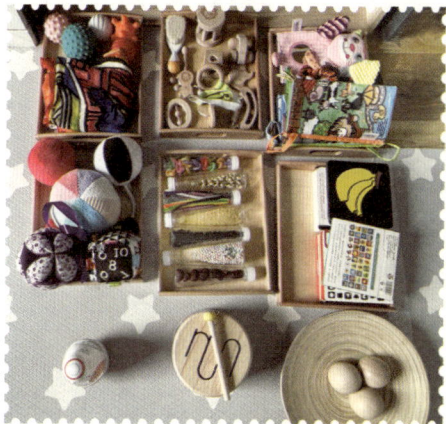

▲ 需要调整的玩具收纳区
（成都高新区花生妈妈拍摄）

蒙氏老师说：

　　当孩子大一点的时候，玩具区的调整也可以进入亲子交流时间。家长们可以和小朋友们商量把什么玩具拿出来玩，把什么玩具收起来，又该把什么玩具摆在什么位置，等等。这个跟孩子协商的过程，能让孩子有一种自主选择、自己做主的感受，是一个让他们学习收纳、学习管理、认识自我的好机会，对小朋友的独立成长非常有帮助。

0~6 岁儿童活动建议清单

学习窗口	岁数							推荐活动
语言	0	1	2	3	4	5	6	黑白卡、亲子对话、朗读绘本、真实卡片、清晰准确的日常用语给予
秩序		1	2	3				有规律的每日安排、整齐的环境、稳定的照顾者和照顾方式
感官精致化	0	1	2	3	4	5		亲近大自然，户外活动，玩水、玩沙、玩橡皮泥，日常中提供颜色、气味、声音、味道的辨别配对活动（如闻厨房的佐料、尝味道猜食物、听声音辨人名或乐器等）
动作协调			2	3	4			大运动：玩布球、扶栏杆走、拿矮凳、手推车、爬台阶、长途散步 精细运动*相关：抓握物品、摇铃、开关盒、套环组、投币盒、投牙签盒、串珠
社会行为				3	4	5	6	日常对话、接触真实故事或绘本、拜访亲戚朋友、多参加社会活动（如参观邮局、银行、医院、父母的工作单位、姐姐或哥哥的学校等）
细小物品敏感期			2					看有细节的绘画或绘本、观察大自然、玩"找不同"的游戏

▶▶▶▶ 注：本书的"0~3岁儿童发展图谱"中，详尽展示了能帮助锻炼孩子手部精细动作的玩教具，请读者查阅。

02
孩子在什么
时候需要
家长陪伴？

创设一个能让孩子自己玩的环境，除了布置好一个分类清楚、方便孩子自主取放、玩具数量可控的玩具区，家长们还要注意自身行为对宝宝的影响，不要去随意打扰他们。因为只有让孩子处于一个不需要依赖别人的自主环境里，他们才能更容易进入专注状态。

很多家长可能会觉得宝宝一个人在那里玩，好孤独、好可怜，一定得去陪着才安心。其实人类作为新生儿刚刚来到世上时，就能表现出独立探索的需求。细心观察的家长会发现，小宝宝有时候会不哭不闹，不时盯着屋里的某一处，或运动舒展自己的四肢，或转着眼睛努力看自己的小拳头……这就是孩子在努力发展身心，正在自发地进行手眼协调训练和视力探索，进行自我构建的时刻，大人频繁无序的逗弄反而打断了孩子的发展。

小朋友一个人玩的时候也一样，当家长发现小朋友全神贯注，一直重复不停地在玩某个玩具，那就说明他们进入了专注状态，那正是他们学习独处、培养专注的时候，是成长的关键时刻。这个时候成人跟他们互动，即便是过去表扬一下孩子，或者帮孩子擦一下鼻涕、递一杯水都是在干扰孩子，是在破坏他们的专注力。

不止是孩子自己玩玩具，他们自己一个人做其他事情时，家长也要避免干扰和打断孩子的专注状态。比如前文强调让孩子体验日常生活，创设环境让他们到厨房帮忙，自己擦桌子、自己洗碗、自己洗水果蔬菜等等。这其实也是为了让孩子能较长时间地沉浸在真实的、有意义的活动中，获得独立自主的体验，感受自我的协调发展。如果在孩子全神贯注体验生活的时候，我们去干扰，结果无异于自毁长城，好心帮了倒忙。

那什么时候我们可以和孩子互动呢？答案是：当孩子需要你的时候，就是和孩子热情互动，帮助孩子发展语言能力、社交能力，和孩子建立亲子关系的好时候。比如他需要喝水、玩玩具遇到困难、换尿布、肚子饿等一些需要关心的时候，家长们都有很多机会和小朋友互动。

育儿观察：

在我们创设的能让孩子自由独立的蒙氏环境里，常常会看到三五岁的小朋友，他可以完成一项"大工作"，能专注 50 分钟之久。这其实是让人很震惊的，因为专注 50 分钟往往是 7 岁以上孩子才具备的能力，3 岁小朋友专注的时间一般不超过 5 分钟，有的孩子到了 4 岁，也不能保持 5 分钟都专注地只做一件事情。曾经有位妈妈跟我分享，说她女儿正在全神贯注做一项工作，重复做了好多次，都尿裤子了，但小朋友居然没有感觉到。这位妈妈当时想了又想，还是忍住了，没有去干扰孩子，直到孩子完全尽兴了，从全神贯注的状态中出来了，妈妈才过去给孩子换了裤子。她跟我说，她觉得自己很骄傲，觉得自己是懂孩子的妈妈。

所以当孩子一个人玩或者做事情的时候，家长不要过度联想，认为孩子好孤单、好可怜，觉得成人需要时时刻刻和孩子互动，那样反而会使孩子变得非常依赖成人，错失了发展独立性的机会。仔细观察孩子的需求，在孩子有需要时及时回应，没有需要时保护孩子不受干扰，就是我们作为父母能送给他们的最宝贵的人生礼物。

03
帮助孩子学
会调节情绪

　　小朋友们自己玩的过程也不总是一帆风顺，他们很容易因为遇到困难而情绪失控，比如好不容易搭起的积木塔突然倒塌了，小朋友们很可能出现失望、难过、伤心、沮丧还有愤怒等强烈情绪。

　　家长及时出现回应他们，安慰他们，不仅是对小朋友们需求的一种满足，还是帮助小朋友们学会感受情绪、调节情绪、养成高情商的好时机。

　　首先，家长要理解孩子的情绪失控。

　　比如当不能吃到自己喜欢的食物时，成人也许会一笑而过，但孩子可能会在地上打滚儿，哭闹不停。这并不是说孩子不懂事，太任性、太"熊"了，而是因为 0~3 岁婴幼儿大脑中负责理性思考的前额叶皮质发育不完善，不能有效调节抑制大脑中非常敏感的"情绪感应器"——杏仁核的活动信号，所以孩子在遭遇挫折后，比如吃不到糖、积木倒塌时，他的大脑里的杏仁核受到刺激，释放过量情绪激素，孩子自然就崩溃失控。

　　我们说孩子的脸像六月的天——一会儿晴一会儿雨，也是在讲孩子的情绪管理能力不完善。这就需要家长在孩子情绪失控的时候及时介入，帮助孩子学会调节并掌控自己的情绪，形成积极的情绪调节模式，最终获得良好的控制自我情绪的能力。

　　这个过程实质上也是家长对孩子情商的培养，不仅需要家长的耐心，还需要一些技巧、方法，才能达到事半功倍的效果，后面 5 点也许能给您提供参考。

蒙氏小技巧：

1. 远离引起情绪的人或事　　2. 给孩子的情绪做旁白

3. 建立共情连接　　　　　　4. 提供缓解情绪的方式

5. 平静之后再讲道理

❶ —— 远离引起情绪的人或事

　　为什么要让孩子远离引起情绪的人或事呢？道理很简单，因为任何一种情绪，只要不继续刺激，就会很快平复。这一点不仅适用于小朋友，大人也一样。比如我们某天上班时非常忙碌，很疲惫，下班回家开车倒车时没注意不小心剐蹭到了哪里，本来自己也很沮丧，就向家人倾诉了这件事，但对方却一直跟你讲道理说"哎呀，你开车不小心啊，这样做很危险，你知不知道呀？"等等，你会发现你可能会越来越生气，甚至有些委屈，这就是因为有人在不断刺激你的情绪。

　　小朋友还处于具象思维阶段，看见什么是什么，推理思考能力刚刚发展，不一定能听懂家长讲的道理。比如他闹着要玩具，躺地上打滚哭闹，这些情绪正激烈的时候，家长不要去讲道理，火上浇油，要温柔地把他快速抱离，不要让小朋友再看到那些玩具，也不要再提起那些玩具，过一会儿他就会冷静下来。

❷ —— 给孩子的情绪做旁白

　　带小朋友远离了引起情绪的事物，并不意味着他能马上从情绪激动的非理性状态中脱离出来。我们要唤起小朋友的理性，就要帮小朋友从头梳理一下他的情绪和感受，比如像电影里出现的旁白一样，对他说"你想要那个玩具，因为那个玩具特别好玩，但妈妈没给你买，所以你哭了，你现在感觉到伤心是吗？宝宝伤心了""你刚才摔了一跤，腿摔红了，这个地方很疼，你觉得很难过，所以你现在哭了，对吗？"等。注意在给孩子梳理情绪时，切忌讲道理，一讲道理就又激起了新一轮情绪。

❸ —— 建立共情连接

给孩子的情绪做旁白，实质上是让他们意识到自己正处于一种什么样的状态之中，当人们能意识到自己正在做什么的时候，这就是理性的一种恢复。当孩子的理性被唤起后，也是他们需要安慰和理解的时候。我们要让小朋友知道有人明白和了解他的感受，也就是和他建立共情连接，表示你懂他、理解他、认同他，他就会有被安慰的感觉。

建立共情的方法也很简单，就是别讲道理，只是重复孩子心里的话，认同孩子的感受，比如"你真的很想再吃一个冰激凌""桃子味的冰激凌最好吃了""你真的很想再看一集动画片，我知道这个动画片是宝宝最喜欢的，里面小朋友们的游戏很好玩""妈妈知道了，妈妈看见了，妈妈也喜欢冰激凌"等等，家长可以试一试，这样孩子会很快平静下来。

❹ —— 提供缓解情绪的方式

等孩子得到安慰后，我们还可以提供一些缓解情绪的方法，比如向他提出"妈妈难过时，拥抱能让我感觉舒服。让妈妈抱抱你吧？""深呼吸会让你舒服，跟着妈妈深吸气，深呼气""难过时可以喝口水，来喝点水吧""如果你很难过，咱们可以去散散步"等等，让孩子做一些使自己舒服的事情转移他的注意力，帮助他找到缓解情绪的健康方式。

❺—— 平静之后再讲道理

　　等孩子平静下来后，我们可以陪着孩子一起做些他喜欢的事情，这时孩子会表现得特别平和，其实也是在感谢爸爸妈妈能陪伴他走出情绪的风暴。情绪来袭时，家长的平静、耐心和认真，是帮助孩子学会控制自己情绪的定海神针。

　　等到让孩子崩溃的事情彻底翻篇过去，到晚上睡觉前，或者第二天读绘本或聊天时，才是给他讲道理的好时机。在这些亲子专属的亲密交流时间，家长可以慢慢把道理掰碎了细细讲给小朋友听，完全不必着急，非要在事情发生的当下去教育孩子。如果孩子很敏感，不喜欢听道理，可以利用讲故事等灵活的方式，从侧面教育孩子。

04
提供高质量
的陪伴

　　"高质量陪玩"在各类育儿资讯平台已经成为非常火爆的话题，这背后隐藏的是焦虑，特别是工作繁忙的家长的焦虑。大多数忙于工作的家长可能会有这样的担忧：会不会因为自己工作忙，陪孩子的时间太少，所以孩子才跟自己不够亲近，甚至影响到孩子成长发展？

　　欧美发达国家的双职工家庭也曾经为同样的问题疑惑担忧。20 世纪 90 年代，美国国家儿童保健与人类发展中心（简称 NICHD）追踪了 1000 多名儿童的成长经历，发现不论是妈妈全职照顾，还是爸爸全职照顾，或者是保姆、祖父母或托儿所照顾幼儿，都能与幼儿形成安全的依恋关系。真正影响依恋行为的因素，是家长对待孩子的态度，以及家长与孩子共处的时候是否理解孩子的需求和反应。

　　所以，照料者不一定是爸爸、妈妈，比如保姆、奶奶、姥姥、爷爷等也可以，只要照料的关系固定、不频繁更换、积极回应，孩子一样可以很好地建立高质量亲密关系，找到自己安全感的来源。因此工作忙的家长也不用焦虑，你只要保证每天有那么一段固定的时间陪孩子玩，全身心陪伴和回应孩子，就能够与孩子建立高质量的关系，具体有以下 5 个原则可以参考：

蒙氏小技巧：

1. 陪伴的第一目的是建立关系，其次才是教育

2. 高质量的陪伴需要经营　　3. 全身心投入

4. 投其所好　　　　　　　　5. 享受当下

❶──── 陪伴的第一目的是建立关系，其次才是教育

很多父母在陪孩子时会有一种想法是："哎呀！我一整天都没有陪孩子，晚上就只有这一点时间，一定得教点什么！"这其实是一种典型误区，目的性强的教育需要建立在孩子感到愉悦、有安全感的基础上。为什么有时候会出现家长越想陪孩子，孩子越躲着的情况？这是因为孩子还没有和家长形成愉悦放松的相处模式，依恋家长的底层需求没有满足，就像孩子没有走稳，你就要他跑，那结果肯定有损无益。

陪伴的第一目的是建立关系，其次才是教育。怎么建立关系？就是孩子想玩什么，你就全身心地陪着他，然后等你们的关系融洽时，再根据孩子的兴趣和能力，往里边加一点教育任务。比如你可以先跟孩子快乐地单纯地读绘本，让孩子觉得读书有趣，养成每天都读绘本的习惯，然后读一些有主题、有学习目标的绘本，最后加入与绘本所讲故事有关的小问题、小练习等。循序渐进，因材施教，才能实现让孩子在玩中学的目标。

❷──── 高质量的陪伴需要经营

想多陪陪孩子，但时间有限是家长们都要面对的现实问题，所以陪孩子，就像我们想将工作做出成绩一样，也需要用心经营才行。其实仔细盘算一下，家长有很多机会可以给孩子提供高质量的陪伴。如果不能有大段的时间专门和孩子玩，我们也可以早上和孩子一起吃早饭，或者起早一点陪孩子晨练、早读、做个简单的亲子游戏等，也可以在公司午休的时候，抽时间给孩子打个电话或视频，和孩子聊聊天、讲讲故事。如果下班回家太晚，孩子已经睡了，建议家长也尽量和孩子同床或同屋睡觉。重要的是，家长一定要有想要多陪孩子的意识，适当规划自己的时间，多找机会和孩子相处。

育儿观察：

有一位蒙氏妈妈的做法很让人钦佩，也非常值得家长们借鉴。她说，因为她回家有时候会比较晚，孩子都吃完晚饭了，所以她和老公约定好，如果下班晚赶不上和孩子一起吃饭，他们就在外边吃好，保证回家的时候可以直接陪孩子玩，或者在周六周日抽出来整段的时间，跟孩子约定好带他出去玩，让周末成为一个让孩子可以期待的节日。这位妈妈就是用心和智慧经营亲子关系的家长典范。

❸—— 全身心投入

高质量陪伴的要点在于质不在于量，所以家长的重点是保证陪伴的质量。陪伴的首要任务是让孩子知道你爱他，在和孩子一对一交流的时间里，放下手机，让孩子知道这一刻你的眼里只有他，你们一起做他喜欢做的事，和他聊聊今天都干了什么，抱一抱、亲一亲他，用你能想到的所有方式，全身心地表达爱，让情感流动在和孩子在一起的时间里，自然会和孩子建立亲密的关系。

❹—— 投其所好

有时候一些家长可能因为和孩子待在一起的时间太少，会觉得跟孩子玩不到一块儿，这其实是因为对孩子了解太少。家长们可以尝试从孩子的兴趣和成长的阶段性需求入手，投其所好，逐渐拉近和孩子的关系，比如问问他们最近在玩什么、在读什么绘本、在看什么动画片，或者问问他们中午吃了什么、白天干了什么、穿的什么衣服、画了什么画、做了什么手工等等。至于掌握孩子成长过程中的阶段性需求，就需要做一些功课，像正在读这本书一样，多多了解婴幼儿每个月龄段的知识，您就会知道孩子需要什么，明白他们在具体年龄段需要得到的是语言发展的支持、大运动发展的支持还是社交情感的支持等，这样才能有的放矢，让孩子收获快乐的同时，也能健康成长。

蒙氏老师说：

如果孩子多了，都想要父母的爱和陪伴，公平自然是最理想的状态，但现实是父母会发现怎么平均都满足不了孩子。因为他们想要的是一对一的高质量陪伴，是和爸爸妈妈独处的时间。这时候家长不如把时间分开，比如一个小时陪老大，一个小时陪老二，或者根据不同孩子的喜好与需求给予个性化的关爱。比如老大不爱睡午觉，家长就把中午的时间留给老大，一起读他最爱的绘本；老二晚上睡得早，就把饭后时间留给老二，帮他洗澡准备入睡。不一味追求公平，在理解观察孩子之后，给予每个孩子独一无二的关爱，孩子的需求反而会得到满足。

⑤—— 享受当下

我们和孩子在一起时，大致可以分两种模式：一种是以孩子为主导的、家长全身心投入以孩子快乐为主的高质量陪伴；一种则是以父母为主导的亲子交流。当孩子已经和我们建立了亲密的关系，在一些情景里，父母就可以来主导，把我们的兴趣、想法分享给小朋友，让孩子来了解我们成人的生活，发展更有意义的兴趣爱好和活动。

　　如果家长比较喜欢做瑜伽、做饭或者修理东西，就可以带小朋友一起做瑜伽、做饭，一起研究和修理东西；如果家长喜欢读书，也可以把自己正在读的书，简化一下讲给孩子听；或者还可以在下班后多和孩子聊聊今天工作上遇到了什么事情等。但我们做这些事情的初衷，不是要求孩子跟着我们学会什么，而是通过分享生活的方方面面，和孩子享受在一起的每分每秒，一起享受当下，让陪伴褪去刻意的外衣，展露生活本来的自然内核。

家长实践

① 根据本章节的内容，重新为孩子规划整理玩具区：

▶ 要求分类清楚、能让孩子自主取放、玩具数量可控。如果家中没有带格子的柜子，也可以尝试用纸盒盖作为玩具托盘，帮助孩子收纳分类玩具。

② 根据"0~3岁儿童发展图谱"，了解孩子当前年龄段的成长需求，结合孩子的兴趣爱好，给孩子设计或购买适合的玩具：

▶ 比如可以给0~1.5岁宝宝提供触感球、洞洞书、开关盒、学步推车等能支持孩子视觉、大运动、认知、语言等方面发展的玩具、图书和环境。给1.5~3岁宝宝准备积木、黏土、磁力拼图等能帮助孩子思维发展的玩具。

🔺 触感球

🔺 洞洞书

🔺 开关盒

🔺 学步推车

③ 观察孩子全神贯注的时刻：

▶ 可以用手机备忘录或笔记本记录孩子专注的时长和专注工作的表现，更加有计划地支持孩子发展自己的专注力，找到孩子感兴趣的活动。

④ 运用本章的建议引导孩子舒缓情绪，并记录帮助孩子疏导情绪的完整过程：

▶ 比如情绪变化的起因、家长的疏导方式、和孩子的对话、孩子的反应和平复等等。根据记录，家长可以找到最适合自己家庭环境的情绪梳理方法，把这个方法告诉家里其他人，一起成为宝宝情绪风暴来临时的拯救者吧！

▲ 积木

▲ 黏土

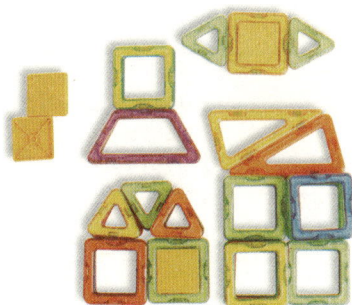

▲ 磁力拼图

· ·

　　生命前 3 年，孩子更多是通过感官活动，而不是智力活动构建自己的大脑。生活中能激发孩子感官发育的教育场景，既存在于大自然中，也存在于家中，如厨房、客厅、书房甚至浴室，都是孩子自由探索、萌发智慧的学习乐园。外出捡树叶、丢石子、徒步溯溪，在家洗菜做饭、浇花扫地、游戏涂鸦、洗澡玩水，这些日常活动就是 0~3 岁孩子认识世界、发展自我的最好方式。

　　除此之外，日常生活中，有一种活动不仅能给小朋友带来丰富的感官体验，还能让小朋友直接感知到色彩的缤纷，体验到光影变幻的奇妙，在创造美的过程中获得美的享受，那就是形式丰富的艺术活动。如果家长能在家中为孩子创设一个可看、可听、可探索、可触摸、可幻想、可创造、能享受的艺术游戏环境，0~3 岁儿童的无意识吸收性心智，会让他们在这种"润物细无声"的艺术熏陶中，对"美"产生认知，理解"美"，体验"美"，甚至创造"美"。未来人生，孩子在幼年时期因丰富审美体验而拥有的美好、善良的心灵，和对美好事物的珍惜，将支撑他们走得更远。所以，在家庭日常启蒙陪伴中，除了准备常规玩具和游戏之外，也请您准备一些艺术活动，在家里为孩子进行艺术启蒙。即使您可能并不擅长绘画，没有艺术相关的专业背景，也不妨碍我们和孩子一起去感受美，体验美，一起打开人生的另一扇窗。

第七章
艺术启蒙和洗澡引导

01
如何在家中给孩子进行艺术启蒙？

　　婴幼儿阶段，孩子做什么事情都是以感受为主，比起结果，体验过程更重要。所以我们在为孩子准备艺术活动时，应该以支持孩子积极探索为目的，让孩子在轻松愉快的氛围中"玩艺术"，享受过程，乐在其中。

　　下面的 4 个要点，也许能为您带来一些启发：

❶ ── 营造轻松愉快的氛围

　　儿童绘画能力的发展具有阶段性，0~3 岁的宝宝大多处于单纯乱涂乱画的涂鸦期，除了一些对作品敏感的女宝宝在 2 岁左右就能利用语言优势，跟家长清楚地讲述她今天画了什么之外，大多数孩子基本上到 3 岁多的时候才能明确表达他们在画什么。所以家长回应孩子绘画作品的最好方式，就是认真地欣赏和讨论，帮助孩子把他对作品的想法总结一下，给作品起一个标题或做一句简单的描述，郑重地写在孩子绘画作品的空白处或背面，再写上孩子的姓名和创作时间，让整个绘画活动变得更加有仪式感。

⬆ 宝宝的涂鸦作品（福建沙埔镇小苹果妈妈拍摄）

在 0~3 岁这个阶段，我们千万别要求孩子画得有多么精美，画面有多么完整。不要限制孩子的创作和探索，为孩子营造一个轻松愉悦的、能享受其中的氛围，让孩子喜欢绘画活动，才是绘画启蒙阶段最重要的目标。

不要求孩子的创作结果，是营造轻松愉悦氛围的首要条件。同时，当孩子完成一幅作品的时候，给予孩子尊重也非常必要。有时也许他们只是在洗澡的时候用泡泡做出了什么东西，兴冲冲地说"妈妈，这个好像云朵""爸爸，这个好像棉花糖"等。我们可以认真地看一下，对孩子表示肯定："谢谢你跟我分享你的发现。"也可以回应孩子的想象，说："哇，泡沫白白的，一朵一朵很立体，蓬蓬软软的，确实很像天上的云朵。"用丰富的语言将自己的感受描述出来，跟孩子进行交流和互动，尊重他们的想法，不要只是敷衍一句说："哦，是云彩啊，宝宝真棒。"因为孩子是最敏感的，他们能从家长的敷衍背后感受到大人对他们成果的不尊重和不在意，这很有可能影响他们探索艺术的积极性，让他们失去寻找日常生活之美的兴趣。

🔺 小朋友的绘画黑板
（福建沙埔镇小苹果妈妈拍摄）

🔺 蒙氏家庭的涂鸦区
（长春朝阳区淇淇妈妈拍摄）

❷──── 提供开放性的艺术活动

　　说起艺术活动，家长们可能最先想到的就是画画，我们蒙氏老师优先推荐家长给 0~3 岁孩子提供的开放性艺术活动其实也是绘画。因为画画用到的材料非常多，形式也很丰富，孩子可以在地上画、在墙上画、在黑板上画；可以在不同材质的纸上画，感受晕染效果的变化；也可以用蜡笔画、用水彩笔画、用彩色铅笔画、用油画棒画；甚至还可以用手指蘸着颜料直接去画。不同的画材有不同的感官体验，会给孩子新鲜感，总有一种形式能激发孩子的艺术天赋。

　　除了画画，家长们还可用家里常见的物品为孩子开拓艺术创作的"疆土"。比如家长叠衣服时，如果小朋友在旁边好奇地探头探脑，家长就可以用不同材质的衣物和他玩，引导小朋友用帽子、丝巾、围巾、袜子等拼接一些形状，比如圆形、三角形、方形等，或者创作一些图案，比如太阳、面包、火焰等。艺术启蒙可以随时随地进行，就看家长有没有和孩子一起放飞想象的心境。

蒙氏老师说：

　　准备绘画材料时，家长们可以试试自制果蔬颜料，用菠菜、胡萝卜、红心火龙果榨汁，让孩子直接用手指蘸着"颜料"涂色，既不怕孩子吃进嘴里，也不用担心衣物清洗。相信我，没有孩子能抵抗食物颜料手指画的快乐。家长也可以用同样的思路，将面、油、盐混合，加入彩色果蔬汁，自制彩色"橡皮泥"，为孩子多提供一些"创作道具"。

❸ —— 让孩子多欣赏艺术作品

孩子要创作出美的东西，也需要从艺术作品中感受到"美"。在家中，绘本或者其他带图的书，就是孩子最容易接触到的"艺术作品"，特别是一些获得国内外绘本大奖的作品，其中极具美感的颜色、光影、线条更是会给孩子带来美好的视觉体验。而且绘本的插画表现形式和风格非常丰富，小朋友们能通过看不同形式的绘本，接触到拼贴画、彩铅画、油画、水粉画、版画、线画、水墨画、剪纸、纸雕等多种艺术形式，获得美的享受，得到美的滋养，是除了家中的装饰画作、摄影作品之外，能让孩子欣赏艺术作品的绝佳途径。

另外，家长们也可以多关注一些当地展馆的活动信息，假期有空时带孩子参加各类展馆举办的艺术类活动，给孩子多一些接近美、欣赏美的渠道。生活从不缺少美，云彩与晚霞，树叶与光影，家里的小摆件、瓷器、服装、商品包装，都可以成为艺术欣赏讨论的素材，真正缺少的是发现美的眼睛。希望每个家长都能"送"给孩子一双能发现美的眼睛。

❹ —— 引导孩子享受创作的乐趣

小朋友们的艺术创作，有一个鲜明的特点，那就是具有独属于孩子们的天马行空般的想象力。但是 3 岁以前小朋友的创作，即便想象力十足，也很难呈现出一幅完整的作品，这就需要家长们及时"出马"，给一些辅助，甚至对孩子的作品进行二次创作，让他们的"乱涂乱画"成为一幅可展示的、具有美感和成就感的艺术作品。

如果孩子年龄太小，还无法抓握画笔，家长们就可以准备一些印章和安全颜料，让小朋友在比较大的纸上印出各种形状，去做印章画。等小朋友"创作"结束，家长可以把孩子的"印章画"

剪成各种花的样子，贴在一起，再写上小朋友的名字，配上有质感的黑色背景卡纸或画框，就完成了一幅有小朋友参与创作的作品。或者家长们也可以买一些半成品，比如涂色书、空白扇子、空白风筝、白手帕等等，让孩子在有限制的环境中发挥想象，亲手完成一件"作品"，挂在家里作为装饰品或当礼物送给长辈、朋友，这样孩子既能获得成就感，也能享受到创作的乐趣。

02
准备绘画活动时的注意事项

给 0~3 岁孩子提供具有开放性的艺术活动，我们蒙氏老师常推荐绘画，而在众多绘画形式里，优先推荐的是水彩画。因为水彩颜料本身具有透明性，画画时小朋友用浸湿了的笔去蘸取到的颜色一般都比较淡，不容易弄脏衣服，重要的是小朋友在画画的时候还能玩水，可以在晕染中感受颜色的变化，画画的过程很有趣，画出来的效果也不错，所以很适合低年龄段的小朋友。

具体为孩子准备绘画活动时，有下面几点需要家长注意。

蒙氏小技巧：

1. 控制颜料的质量和数量　　2. 和孩子约定活动规则

3. 帮助孩子梳理和回顾活动成果

❶ —— 控制颜料的质量和数量

在为孩子挑选颜料时，颜料的质量通常都会是家长们关注的重点。这里要强调两点注意事项：第一要考虑颜料是不是安全的，在接触到孩子皮肤时会不会引起过敏；第二要看颜料是否容易清洗，一般来说，水溶性的颜料，不论是沾到手上还是染到衣服上，都会更容易洗掉，比如幼儿园会选择丙烯类儿童颜料。

确保了颜料的质量，提供给孩子的颜料数量也需要把握。在蒙氏教室里，我们为小朋友准备颜料时，每种颜料都用单独的小颜料桶装着，每个

▲ 为小朋友准备的画画颜料和工具

小颜料桶里大概只提供一个矿泉水瓶盖的量，保证小朋友即使碰倒了颜料，也不会有过于混乱的后果。给孩子提供的颜料种类也有限，对2岁前的小朋友，建议家长们只提供给孩子两种单色就好，比如属于经典三原色的红色和蓝色，这个年龄段的小朋友还控制不了太多选项。

蒙氏老师说：

孩子画画时，家长也可以为他穿上围裙，让孩子有"专业画画"的仪式感，同时保护好衣物，让孩子安心施展天赋。除此之外，孩子用水彩画画时，家长还要考虑到画笔每次重新蘸颜料前，要有一次清洗，洗掉笔上残留的颜色。这时，吸水海绵或者吸水性强的厨房用纸就派上用场，能帮助孩子吸掉笔上多余的水分，再去蘸颜料。虽然这是一个小细节，但如果不留心，也会影响孩子的体验。

❷ —— 和孩子约定活动规则

准备好绘画材料后，在孩子开始画画前，家长还要和孩子约定好一些活动规则，比如可以在什么地方画、要记得远离床和沙发、穿上围裙、画画时手不能碰嘴巴（防止颜料入口）等等。违反规则的后果也要提前告知孩子："如果弄脏沙发的话，就是你还没有学会如何用绘画工具，那么爸爸妈妈就要先把工具收起来了。" 等到画画时孩子万一真的弄脏了沙发，违反了规则，家长们就可以跟小朋友说："很抱歉，沙发弄脏了，我们得暂时停下画画活动，一起收拾干净。"用温和自然的方式，让孩子承担违反规则的后果，慢慢明白遵守规则的意义，让他们在遵守规则的前提下，尽情享受探索的快乐。

3 ── **帮助孩子梳理和回顾活动成果**

在蒙氏教室里，小朋友们画完画，会有一个找老师来写名字的环节。给小朋友写名字的时候，就是老师和孩子交流的过程。比如蒙氏老师会对小朋友说："哇！你完成了你的作品，画面看起来非常丰富，上面涂满了红色，我喜欢你创造的这种红色，像西红柿的红。"在家里，小朋友画完画，家长们也可以像这样和孩子讨论他的作品，给他具体的、有细节的肯定和评价，展示出我们对作品的兴趣和对他劳动成果的尊重，给孩子鼓励、支持。

如果孩子年龄小，语言表达能力还比较弱，家长就要注意讨论的难度和提问频率，别把启发讨论变成压力提问，那样孩子很可能下次就拒绝跟你分享作品。如果小朋友有能力回答问题，那么家长可以和孩子多讨论讨论作品，比如问他画的是什么；如果小朋友还没有发展出描述画的能力，那么家长可以先表达自己的感受，再引导小朋友观察、分析画面，这样孩子也能逐渐学会主动表达自己的想法、感受。

小朋友的"创作"结束后，家长可以和孩子一起把画画场地收拾干净，把孩子每次创作的"成果"也收纳起来，按日期或形式整理进抽屉或收纳盒里，定期和孩子一起回顾讨论，可以每月挑选出他们最喜欢的一两幅作品，放在专门的文件夹里或家庭作品展示区，这样做，既是对孩子的鼓励，也是对他们成长的一种记录。

03
活动结束前
的缓冲机制

小朋友投入一项活动中玩得正开心时，有经验的家长们都知道，不能在这时候突然喊停，比如小朋友在游乐场玩得不亦乐乎，家长如果说："太晚了，我们回家吧，明天再来游乐场玩。"小朋友肯定不愿意立刻离开，如果家长态度再坚决一些，那么小朋友可能还会有激烈的情绪反应。

为什么家长跟孩子说"不能再玩了，明天再来"或者"不能再做……等会儿再做"会容易引发孩子的激烈情绪呢？其实是因为 0~3 岁的小朋友对"明天"或者"等一会儿"这种时间概念很模糊，他们只知道家长不让玩、不让做，不能理解"明天"和"等一会儿"的意思，如果家长对这个阶段的小朋友说"我们明天再来玩吧"，那么听到他的耳朵里可能就成了"我们再也不能来玩啦"。所以家长在结束孩子的活动之前，通过提前告知给孩子一个缓冲时间就非常必要了。

比如小朋友晚上 9 点要准备睡觉，但他 9 点之前还在玩玩具，那么家长就要在 8 点 30 分的时候给他预告说："我们 9 点就要睡觉了，还有 30 分钟，你抓紧时间哟。"到了 8 点 40 分的时候又提醒他："你还在搭积木，还有 20 分钟就要睡觉喽。"再到 8 点 50 分的时候说："我知道你还想再玩一会儿，但我们只有 10 分钟时间了。要收拾积木啦，你想自己收还是妈妈陪你一起收？"这样不断强调剩下的时间，向孩子逐步说明"活动马上要结束了"，慢慢让孩子有一个心理准备。刚开始小朋友可能对 30 分钟或 10 分钟还没有概念，但是随着家长们不停地提醒，小朋友会意识到时间的流逝，也做好活动要结束的心理准备，不会因为被突然告知不能玩了而情绪激动。

不过，虽然我们通过提前告知给了孩子缓冲，但小朋友不肯配合也是常有的事。假如已经到了结束时间，小朋友还是说"我还想玩"，该怎么办呢？

其实这时候，家长可以再给小朋友一次机会。就跟买东西时讨价还价的道理一样，家长也可以和孩子讨价还价一次，说："那我们再玩3分钟好吗？我用手机给你定3分钟的闹钟，等闹钟响，我们就去洗澡。"这时候注意，一定要当着孩子的面把闹钟设定好，让孩子看到设定闹钟的过程。一般等闹钟响的时候，大部分孩子都会因为获得了掌控时间的成就感而遵循约定。

蒙氏老师说：

对0~3岁不太能认识数字的小朋友，除了手机闹钟或者手机计时器之外，沙漏也是能帮他们感知时间变化的好工具。蒙氏老师给小朋友用的沙漏一般有4个，分别能计时1分钟、3分钟、5分钟和15分钟。根据不同活动，挑选使用不同的沙漏。另外，使用和观察沙漏，本身也是一个非常好的学习活动。小朋友对15分钟没概念，但一个能计时15分钟的精美沙漏，就能让他们直接感受到时间的流逝。

通常我们让小朋友结束某一件事，是因为接下来要做另一件事，如果小朋友沉浸在当前的状态里恋恋不舍，家长也可以试试用小朋友感兴趣的东西吸引他们进入下一个流程，用游戏把他们不愿意做的事情变成乐意做的事情。比如我们想让孩子玩完游戏后去洗澡，就可以找一找洗澡过程中孩子可能感兴趣的点，告诉孩子洗澡时可以玩泡泡大战、玩水枪等喜欢的东西，那洗澡就会成为孩子想要马上去享受的快乐活动。

04
培养宝宝独立性的快乐洗澡时光

有准备的成人和有准备的环境是蒙氏教育的重要理念。晚上的游戏时光结束后，小朋友将要迎来一天的尾声，如果小朋友能在入睡前洗个澡清洁身体、舒爽身心，那么晚上肯定能睡个好觉。

下面这 3 个要点，也许能帮助家长做好准备，让小朋友拥有一个快乐的洗澡时光。

蒙氏小技巧：

1. 为小朋友准备一个友好的浴室环境

2. 帮孩子形成固定的洗澡习惯

3. 循序渐进

❶ —— 为小朋友准备一个友好的浴室环境

在一个儿童友好的浴室环境里，有以下必备物品：

➤ 矮凳　　　　　　➤ 防滑垫

➤ 固定的脏衣篮　　➤ 干毛巾

➤ 适合洗澡时玩的玩具　➤ 儿童沐浴用品

➤ 儿童浴袍　　　　➤ 儿童个人护理用品

矮凳的作用相信家长都能明白，就是可以让孩子脚踩得高一点，自己站上洗漱台或者进入浴缸。而防滑垫的重要性更是毋庸置疑，特别是使用浴缸的家庭，更应该准备一个带吸盘的防滑垫，不管是小朋友还是大人，踩上去都不容易滑倒，有条件的话还可以给浴缸装上扶手，既提供了方便，也保证了安全。

在浴室里准备好固定的脏衣篮，则是一个培养孩子责任感的细节。比起家长总是提醒孩子收拾好脏衣服，不如在浴室里面放一个随手可用的脏衣篮，让孩子把脏了的衣服丢进去，规则清楚，孩子也容易直观真切地了解要怎么收拾好脏衣服，知道衣服脏了要收在一起拿去洗，这样平时才能注意到不弄脏衣服。孩子只有对自己的行为后果有认知，才能建立责任感。

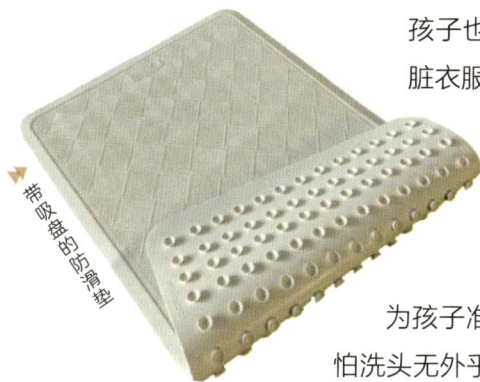

为孩子准备干毛巾是因为小孩子都怕洗头，怕洗头无外乎是怕水进到眼睛里，小朋友的感官比成人敏感，也不能很好地调节情绪，他们一有不舒服的感觉，就会马上表现出抗拒的情绪。

▲ 带吸盘的防滑垫

所以家长要想办法让孩子舒服地完成洗澡活动，用一条干毛巾帮孩子盖住脸，是最简单的做法。等孩子能听懂话、能沟通时，家长也可以和孩子商量怎么做才能更舒服地洗澡洗头，比如问问孩子是愿意躺在爸爸妈妈的怀里洗头，还是愿意坐在凳子上、靠在爸爸妈妈身上洗，或者有孩子更喜欢的其他方式，让孩子知道遇到问题有爸爸妈妈和他一起想办法、一起解决，这样孩子就能更主动更勇敢地面对困难了。

准备适合小朋友洗澡时玩的玩具这一项很容易理解，也是让小朋友拥有快乐洗澡时光的关键。像水枪、泡泡机、能舀水倒水的杯子勺子等工具，还有防水积木等等，都可以让小朋友拿到浴室里玩，而且这些玩具最好让小朋友只在洗澡的时候有机会玩，才会让他们对洗澡多一份期待。

儿童沐浴用品、儿童浴袍，还有儿童个人护理用品，在小朋友的洗澡时光中，充当了引导小朋友学会照顾自己的角色。

新生儿和低月龄的宝宝，洗澡时用清水就可以。等小朋友稍长大一些，就可以给他们安全无刺激的沐浴露，让他们学会清洁自己的皮肤，而能帮助小朋友护理自己身体的用品，比如梳子、宝宝霜都可

▲ 浴室里宝宝的洗澡用品专属角落
（湖南安化县张乐微妈妈拍摄）

以放在浴室里一个专属收纳小筐里，放在小朋友容易拿取的地方，让小朋友洗完澡后，知道要用什么东西，怎么样去照顾自己，而不是被动地等着家长来服务，甚至抵抗不配合，原本照顾自己就应该是一个自然的事情。浴袍则是让小朋友在洗完澡后，不用等家长来擦干身体，就能马上穿着自己去玩，既舒服又不怕着凉，等家长也收拾好了，再换上睡衣准备睡觉。

❷—— 帮孩子形成固定的洗澡习惯

为小朋友准备一个友好的浴室环境后，想要让洗澡成为小朋友日常生活的一部分，家长们还需要为小朋友设置明确的洗澡流程，每天坚持提醒小朋友，帮助他们养成爱洗澡的习惯。

有的小朋友不爱洗澡，很大原因是怕水。但小朋友其实有亲近水、爱玩水的本能，如果他们怕水，不喜欢洗澡洗头，那么很有可能是之前有一些不好的体验，所以家长应该给小朋友创造一些跟水有关的、愉悦的、快乐的体验，慢慢减少小朋友的恐惧。

比如让小朋友学着自己洗脚、和爸爸妈妈一起清洗浴缸，或者带小朋友去很浅的儿童泳池玩，还有下雨天让小朋友穿着雨鞋去外边玩等，总有一次愉快的玩水体验，会成为小朋友不怕水、亲近水的契机。

我们都知道，安全感主要来自熟悉的环境和固定的生活习惯。0~3岁小朋友的理解能力有限，他们的小脑瓜还在成长发育，当他们对一件事情怎么做形成固定的认知后，稍有变动，不仅是对他们理解能力的挑战，也是对他们安全感的削弱。所以为了帮助小朋友更好地适应生活环境，家长不仅要引导小朋友养成爱洗澡的习惯，更要尊重小朋友自己的洗澡流程。小朋友感受到日常生活的规律，熟悉了既定的流程，才有能力更加积极地配合家长的动作。

育儿观察：

　　蒙台梭利在她的著作中分享过一个很有趣的洗澡故事。有位家长说，她家的小朋友有段日子，一听见要去洗澡就哭，她花了很长时间才弄明白，原来是因为给小朋友换了保姆后，洗澡的顺序和之前不一样。之前的保姆给小朋友洗澡时，是从头开始洗，但现在的保姆习惯先给小朋友洗背，原来很熟悉的洗澡流程被迫改变，小朋友不能接受，但因为年龄小，也表达不出来，所以才一洗澡就哭。

3——— **循序渐进**

小朋友爱玩水，在洗澡时通常都会玩水玩很久，家长一定要给小朋友留下玩的时间，不要着急走流程催小朋友赶紧洗澡。因为玩水获得的快乐体验，会让小朋友觉得洗澡也是一件很快乐的事情，他们感到快乐，才更容易养成爱洗澡的习惯。

低月龄的宝宝洗澡时，家长的照顾十分必要。但随着宝宝逐渐长大，家长也可以只为了安全在旁边陪着，准备好环境，放手让宝宝学会自己洗澡。

如果小朋友对洗澡的流程不熟悉，家长们可以用画画或者拍照片的方式，做出自己家小朋友专属的洗澡绘本，把洗澡的流程讲给小朋友听，也可以做一个流程图挂在卫生间里，每当洗澡时就告诉小朋友："我们会按这几个步骤来洗澡哟。"

家长给小朋友洗澡时每次都依着步骤做，小朋友就会自然而然地熟悉洗澡的过程，学会了洗澡，慢慢地想要自己尝试，说"我要自己洗澡"。不用刻意要求，他自己就能变成独立洗澡的小朋友。

蒙氏的教育理念就是如此，并非要求家长们要去做多么艰难多么复杂的事情，只是强调要顺应孩子发展的需求，让教育回归生活，帮助家长学会怎么在生活点滴中，从一些最平凡的小事入手，让孩子过好丰富积极的每一天，引导他们形成自信、健全的独立人格。希望每位蒙氏家长，都能通过本书，获得快乐、开心、自信的养育体验。

现在，就让我们准备好环境，和孩子一起，在愉悦、欢乐的洗澡时光中，耐心等待他们"独立之芽"的萌发吧。

家长实践

① 参考本章内容，选取材料，为孩子提供开放性的艺术活动：

> 根据孩子的年龄段准备创作材料，和孩子约定活动规则，让孩子尽情施展天赋，享受绘画和创作的乐趣，并准备专门的作品收纳夹收集孩子的创作成果，定期和孩子回顾他们的"创作成就"。

> 可以拍照记录孩子的活动成果，并在家里设置一个展示孩子艺术创作的区域，定期布置和更换展品，让家里洋溢美与快乐。

> 注意在为低年龄的孩子准备活动材料时，可以选择涂鸦书或其他半成品材料，帮助他们获得创作完整作品的成就感。

② 用 DIY 的形式，为孩子制作一本专属的洗澡书：

> 内容不限，可以是洗澡时的快乐小事，也可以是洗澡的步骤。

> 用图的形式呈现内容，可以画出来，也可以用照片，还可以用一些简单的设计软件来制作，最好采用孩子自己的形象和生活中的场景。

> 完成后，打印装订好洗澡书，把书讲给孩子听，一起讨论洗澡的那些事，让孩子知道原来洗澡也能非常有趣。

③ 在浴室为孩子准备一个收纳筐：

> 家长可以在浴室为孩子准备一个洗澡护理收纳筐，把洗澡用到的儿童用品（玩具、沐浴乳、浴球、护肤品等）集中进行收纳，让孩子更熟悉洗澡用品，享受照顾自己的快乐。

蒙台梭利教育理念认为，生活是孩子最自然的学习场景。在日常养育中，小朋友总会有各种各样让大人头疼的问题：不爱吃饭、不想洗澡、危险的东西也要碰、睡觉总是拖延……这些现实里的种种冲突，其实都因为家长对孩子学习方式的错误理解，才造成了孩子和家长的无谓对抗。家长们觉得孩子的独立需要成年人的不断教导，但每个孩子都被"生命"这位内在导师引导着自发成长。

准备好环境，放手让孩子自己探索，尊重孩子，让他们自己解决问题，是蒙台梭利教育理念对孩子内在生命力量的肯定，值得我们借鉴并反思。0~3岁的小朋友,每一天都在认真地感知世界,认真地学习生活的每一步，我们更应该认真地观察他们，看见孩子的成长需求，支持孩子的每一个需求，做好孩子人生的向导，而不是让孩子按照家长制订的成长计划去做所谓"正确的事"。

放下偏见，谦卑地协助所有正在创造未来的孩子，因为孩子属于我们永远也到不了的未来。未来之美，只能祝福，无法定义。

第八章
晚餐时间和睡前仪式

01
保持饥饿感
是让孩子
爱上吃饭的
秘诀之一

家长眼中有很多"正确的事"，比如不能让孩子饿着，不能让孩子玩脏东西，等等，但正是因为家长总是追求这些"正确的事"，才会觉得小朋友有很多让人不满意的"问题"。就拿"不能让孩子饿着"这件事来说，许多孩子不爱吃饭的"毛病"，其实就来源于此。

一旦孩子感觉饥饿，哪怕不是那么强烈，有些家长也不能容忍，就会立刻给孩子提供辅食、零食，但这其实是一个误区，如果家长想让小朋友爱吃饭，那一定要给他体验饥饿感的机会。

比如给孩子添加辅食之后，有些新手妈妈因为把握不好喂辅食的时机，经常会在哺乳后没多久，立刻给孩子吃辅食。其实家长应该尽可能去延长孩子两餐之间的时间，让孩子有感受饥饿的机会，这样孩子会本能地吃得更多，下一次感到饥饿的时间也会推迟。

从婴儿三小时饿一次，慢慢过渡到一日三顿饭两顿点心。这样做可以帮助孩子的消化系统适应日常三餐的规律，同时也是消化系统发育的必经过程。

为什么不建议家长在孩子不饿的时候，或者稍有饥饿感的时候，给孩子提供小零食呢？因为他们的胃是很小的，稍微吃一点东西就觉得饱了，然后到正餐时间就不想吃饭了。而且，经常给孩子小零食还容易导致孩子饮食过量，长期饮食过量也会影响孩子的身体发育，造成积食、厌食等各种各样的身心问题。

通常吃饭之前，在做饭的这段时间，家长会很慌乱，又要照顾孩子，又要抓紧备餐，怕晚了就饿着孩子。与其担心这些，家长不妨让孩子在厨房里玩，等待家长把饭做好。一是可以让孩子有时间去感受饥饿；二是让孩子有机会看见整个烹饪过程是怎么样的，食物是怎么来的。这样孩子吃饭的时候会更有兴趣，吃得也会多一点。

除了时刻注意孩子有没有吃饱之外，当代家长也会对孩子的其他生理需求过度关注，渴不渴、热不热、冷不冷、尿不尿……时刻准备给孩子提供"帮助"，这不是教育者，这是保姆。

即便是低月龄的宝宝，他自己待着时也可忙了，忙着练习双手抓握、发展视力、发展动作协调，专心感受这个丰富多彩的世界，专注力和耐心也在悄悄发展，这些本事的增长都需要时间和空间。大人全天候的关注，反而会阻碍孩子的成长。

家长对孩子要有这样的养育态度：我相信你有能力，我愿意给你探索的空间，让你自己去感受、思考。拥有这样的养育态度，才能成为称职的蒙氏家长，才能养育出自信、专注、有爱、有探索欲的蒙氏宝宝。

02
儿童饮食的
建议

孩子每餐吃什么，是很多家长关心的话题。家长给孩子准备饭菜时，也尽可能会注意荤素搭配、营养均衡。但有一段特殊时期，家长给孩子准备饭菜时，除了要考虑营养，还要考虑到"口味"。蒙台梭利教育中将这个时期称为"离乳期"，也就是我们常说的断奶期、添加辅食期。

从孩子 6 个月左右开始吃辅食，一直到孩子完全能吃成人食物时结束，离乳期一般是半年左右。在这个时期，孩子因为消化系统发育进步，会对成人的饮食产生兴趣，很想尝试。

但大部分家庭的饮食，不适合婴幼儿，成人的口味相对宝宝来讲，调料太多。蒙台梭利教育提倡给孩子尽可能提供支持成长的环境，为了让孩子从生理到心理都能适应大人的饮食习惯，就要全家一起配合。

所以在这个时期，建议全家人的饮食都做出调整，尽量以蒸煮烹饪方式为主，食物味道清淡些，不需要放太多调料。这样可以让宝宝每顿饭都和家人一起进餐，看看成人进餐的方式，也看看成人食物的样子，体验进餐的乐趣。

这段时间的清淡饮食，可能会让吃惯了重口味的成年人感到不适应。这时家长可以准备单独的蘸料配菜或者配饭吃，按家长自己喜欢的口味调制蘸料即可。

有时，家长也可以做一两个辛辣的菜，我们会发现孩子对这些菜非常好奇，很想尝试。如果这些食物没有导致孩子过敏的风险，家长其实可以给孩子尝试一点。

即使家长不停对孩子强调这个辣味会让他不舒服，但孩子没有亲身体验，就无法感知到。所以，家长预告食物会很辣，在孩子做好准备后，不妨让他真实地感知一下辣。这也是饮食经验的积累，是孩子能自主进食的必经道路。

蒙氏老师说：

对很多孩子来说，理解某件事很危险，要远离或小心，最好的教育并不是大人严厉的恐吓或者警告，而是来自孩子自己的真实感受。在保证安全的前提下，让孩子亲自验证是非常重要的，学习意义也很不一样：除了能够帮助孩子远离危险、实现自我保护之外，这也是孩子学习自主思考与判断的宝贵机会。

03
晚餐时间

生活中，我们往往会带孩子出席一些长辈比较多的家庭聚会。很多父母苦恼孩子的害羞、不会聊天、不善于在聚会的时候大方地融入社交场合。这是因为，孩子从小没有在社交场合练习表达的机会，那么在中国家庭非常重要的社交场合——家里的晚餐时间就是最好的练习时机。

首先让孩子和大人一起进餐，就是一种尊重和练习，除了在孩子6个月前有一点难以实行，当孩子能坐餐椅了之后，家长就可以创造机会让他坐在大人的餐桌旁。比如让孩子在不是很饿的情况下，坐旁边看看一家人的就餐场景，看大人如何夹菜、如何盛饭、如何聊天、如何互动。等孩子1岁多，能跟成年人一起吃饭了，更应该让他多感受成年人吃饭的场景。因为他先看过环境才知道："噢，吃饭原来是这么回事。"

蒙氏老师说：

古人云："食不言，寝不语。"所以很多家长认为，孩子吃饭的时候不能说话。可我们想想，成人在午餐时间，也会和家人、同事聊天交流；聚餐的时候，更是需要和朋友还有长辈畅所欲言，增进感情。既然成人并不排斥吃饭时聊天，为什么要限制孩子呢？一家人在吃晚餐时，随意聊聊今天的见闻、心情，这样轻松愉悦的氛围会让人感到很放松，也会增加父母和孩子之间的亲密感。

那么，在晚餐时间的亲子聊天中，家长应该遵守哪些原则呢？

蒙氏小技巧：

1. 嘴里有食物的时候不说话

2. 自然地分享生活见闻

3. 提供合适的话题，让孩子有表达的机会

① —— **嘴里有食物的时候不说话**

　　嘴里有食物的时候不说话，这一条原则所有人都应当遵守，家长首先就要以身作则。

② —— **自然地分享生活见闻**

　　吃饭的时候，家长可以自然地分享生活见闻。很多时候父母不知道怎么跟孩子聊天，实际上孩子能理解的事情比父母想象中的要多得多。父母可以只是和其他家庭成员聊天，但话题要顾及孩子，不要聊太负面或评论孩子的内容，尽量以日常见闻为主，比如今天工作的情况、遇到了什么事情、今天的饭菜如何、最新的社会新闻等等。大人之间进餐沟通，也是在给孩子做示范，应该让孩子倾听观察，这是非常好的语言和用餐礼仪教育场景。

③ —— **提供合适的话题，让孩子有表达的机会**

　　尊重孩子，要从每一个细节着手。孩子在桌上吃饭，就是家庭进餐的一分子，家长也要照顾孩子的感受，不能全程都是大人们在聊天，完全忽略小朋友。这样的话，孩子会一直打断大人的沟通，甚至会乱丢食物餐具博取家长关注，因为他也想参与，可他又不知道说什么。这时，家长可以抛话题给孩子，比如提起下午带孩子去公园玩的事情，这样孩子就可以自然而然地参与进来，大点的孩子甚至还能聊起更多细节。当孩子感到自己也能参与到

聊天中时，他就会自然而然地爱上晚餐时光，享受参与的过程，感觉到自己是家庭的一分子。

所以说，晚餐的餐桌上，就是特别好的练习进餐礼仪和语言表达的场合。

04
打造适合婴幼儿的洗漱环境

孩子睡前的洗漱环节，相信会让很多家长头疼。很多孩子喜欢磨磨蹭蹭，找各种借口，就是不去刷牙洗脸。和前面讲的内容一样，我们可以先从流程及环境入手，帮孩子养成良好习惯。对很小的宝宝来说，因为他们的手指动作分化还不是很精细，力度、技巧也掌握不好，想把牙齿刷干净就很困难，所以等孩子刷完一遍后，家长可以给孩子再刷一遍。而这个家长，建议是爸爸。

在照顾孩子的过程中，妈妈更愿意亲力亲为，事事包揽。但其实爸爸也应该多多参与到育儿的过程中，比如妈妈坐月子的时候，可以让爸爸给宝宝洗澡、理发、剪指甲，给他机会去照顾宝宝，不要因为爸爸笨手笨脚，就把爸爸练习的机会剥夺了。爸爸参与照料才能产生责任感，在照顾孩子的过程中，会慢慢地跟孩子建立起更加亲密的关系，就会有能力承担更多的育儿事项。

选好了流程中的固定人员，接下来的一些技巧，会让孩子刷牙这件事变得更容易。

蒙氏小技巧：

1. 设计刷牙亮点　　2. 固定刷牙流程　　3. 固定刷牙的地点

① 设计刷牙亮点

前面的章节提过，如果想让孩子配合家长，家长应该清楚地告诉孩子接下来会发生的事情。告知的方式，也可以变成吸引孩子的小亮点，增加互动的乐趣，减少孩子的抵触情绪。我个人在和孩子的互动中，特别喜欢用唱儿歌的方式。比如刷牙前，我会用一首儿歌来预告："小宝宝呀爱刷牙，我们今天去刷牙，左刷刷、右刷刷，刷出一口大白牙。"家长不用担心自己的儿歌编得不够完美。哪怕词句不押韵甚至有些走调，但只要是从家长口中唱出的儿歌，孩子都会特别喜欢。因为儿歌的旋律会带给他愉悦的感觉，而把一件事用儿歌的方式唱出来会让孩子觉得很好玩，像一个游戏，这样孩子就更容易理解和接受儿歌的内容了。

编好一首儿歌后，这首儿歌要固定，就是每次刷牙前都要给孩子唱这首儿歌。这首儿歌就像一个预告，类似心锚*，孩子一听就知道该去刷牙了。当然，家长也可以根据孩子的兴趣和喜好，通过有趣的牙刷和漱口杯、不同口味的牙膏、刷牙记录卡、刷牙游戏、刷牙比赛等，设计不同的刷牙亮点，帮助孩子早点养成刷牙习惯。

② —— 固定刷牙流程

刷牙时，家长要跟孩子讲清楚顺序，比如先接水，再挤牙膏、漱口，然后刷牙，这个顺序不要随意更改。而且先刷牙还是先洗脸，大环节也要有固定的顺序。如果陪孩子洗漱的家长换了，那新的照料者也要遵循之前的顺序。因为这样做符合蒙台梭利教育中秩

蒙氏老师说：

蒙台梭利观察到在孩子的六大敏感期中，对0~3岁儿童影响最大的就是秩序敏感期。秩序敏感期出现在1~3岁这个阶段，处在这个年龄段的孩子，既能从生活中的秩序中获得安全感，产生自然的快乐，也会因为秩序错乱而乱发脾气。比如一个不到2岁的孩子在看到大人拿走他常坐的小椅子时，就会大哭抗议，直到椅子回归原位。

注：心锚，是神经语言程序学中的概念，指能够引起人们特定心理反应或特殊心理状态的感官刺激信号。在形式上，与巴甫洛夫提出的条件反射极为类似。比如两个独立的事件经常同时发生，个体在遇到其中一个事件时，就会想起另一个事件，其中刺激个体产生联想行为的外界信号，就是心锚。

序敏感期的理念，也可以让孩子更容易配合不同的照顾者。

为什么会出现秩序敏感期呢？因为孩子的小脑袋在生命第一年观察积累了大量关于生活的经验，然后他们聪明的小脑袋就开始统计总结规律，形成了一些对生活的初期理解，孩子会非常认真地验证自己总结的这些规律，比如小板凳要放在桌子旁，要是有一次小板凳没有放在桌子旁边，孩子就会觉得无法接受。如果孩子在努力执行自己总结的这些非常幼稚的生活规律，大人却不理解，总是"打破"规律，孩子会更加崩溃。不过家长也不要担心，只要我们在了解秩序敏感期背后的道理后，耐心地对待孩子，尽量规律地安排孩子的生活节奏，遇到问题多讲解多包容，随着孩子长大，他们的秩序敏感期就会自然度过。

育儿观察：

曾经有位家长和我说过这样一件趣事。她2岁多的女儿在姑妈家住了一段时间回来后，晚上妈妈给她刷完了牙，等着孩子自己漱口时，孩子冲着妈妈伸出了一小截舌头。妈妈很困惑，提醒宝宝该去漱口了。此时孩子嘴里全是牙膏沫，无法说话，但还是更努力地伸出舌头，同时去抓妈妈手中的牙刷往舌头上放，妈妈终于意识到，宝宝是让妈妈帮她刷舌苔。后来妈妈和姑妈沟通后得知，姑妈每天帮宝宝刷牙的时候，最后一步是刷舌苔，宝宝记住了这个流程，所以即便回到家，也还是会按着这个流程去做。

③——**固定刷牙的地点**

家长要尽量把孩子洗漱的地点固定，不要今天在卫生间，明天又换到了客厅，只图方便，却干扰了孩子建立刷牙秩序感。地点固定后，家长可以打造一个对小宝宝很友好的洗漱环境。

环境的设计有几个要点：

安装水龙头延伸器。小孩的手短，延伸器是必要的。基本在孩子 3 岁以前，家里的洗手间都需要安装，这样孩子伸手够水会更容易。

在大马桶上安装辅助马桶圈。孩子如厕训练一旦完成，通过辅助马桶圈就可以坐大人的马桶。这样家长清洁尿桶的工作就会减少很多。因为大马桶比较高，所以要给孩子配上踩脚的小凳子。

在门把手上挂一个挡住锁舌的口罩。家长会担心孩子在卫生间时，把自己锁在里面。这里贡献一个小技巧，把不用的口罩挂在门两侧的把手上，门能关上但是锁不上，这样就不用担心孩子把自己反锁了。

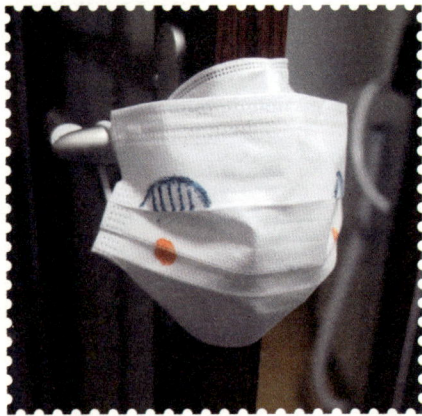

▲ 口罩挡住锁舌

下面是一个经过设计的卫生间环境。

🌲 儿童友好的卫生间环境

卫生间空间比较大的家庭，可以给孩子打造单独的洗漱台、小矮桌、洗脸盆，再挂一面他可以看见的低镜子，镜子前面整齐清楚地摆好孩子的洗漱用品，如牙具、梳子、面霜等。如果卫生间空间有限，可以将一面小镜子挂在卫生间的一角，配上水盆、牙刷，同样可以让低龄的小朋友自己刷牙洗脸。

环境对了，很多事情孩子就有机会自己主动探索学习。当然在有限的条件下，家长需要尽可能地因地制宜，给孩子创建友好的家庭环境。家长提供的环境越美、越舒适、越方便，孩子也越想探索。

另外，带孩子旅行的时候家长要注意，对于秩序敏感期的孩子，在陌生的旅途中需要给他提供一些来自家庭环境的"心锚"物品。例如可以带上孩子常用的牙刷、小镜子、毛毯和安抚玩具，这些都能帮助低月龄的孩子在陌生环境中找到熟悉的感觉，获得安全感，更快适应环境。

05
睡前仪式，帮助宝宝自主入睡

现在，大部分家长都能意识到，充足的睡眠是保证幼儿正常生长发育的关键因素之一。只是很多时候，家长为宝宝制订了合适的入睡时间，但宝宝却不配合：吃东西、喝水、玩玩具，用尽一切办法拖延，就是不去床上睡觉。

那如何让宝宝主动入睡呢？问题的核心还是要相信孩子生命的内在能力，孩子是能够好好生活、照顾好自己的，只是受限于未发育成熟的认知和家庭环境存在的阻碍。如果大人能帮助孩子减少环境中的阻碍，孩子的成长和探索肯定会更顺利。

关于规定孩子几点睡觉这件事，许多家长可能没想过要提前和孩子商量。去睡觉这件事是家长的意愿，却不一定是孩子的意愿，所以孩子当然会使出浑身解数来反抗。而且，世界对于年幼的宝宝来说，太新鲜、太好玩了，他想抓紧每一分钟和周围的环境互动，当家长安排孩子睡觉时，也许他玩得正在兴头上呢。关于这两点，家长也有自己的无奈：宝宝还太小，也不知道时间，即便提前告诉他睡觉时间，他也不一定能理解和配合；还有睡觉前这段时间，如果不让孩子玩，那要做什么呢？

所以想让宝宝顺利接受要睡觉这件事，家长需要给孩子一些明显的信号，作为秩序敏感期宝宝的参照点。就像我们上学的时候，听到下课铃声就知道下课了是一个道理。宝宝睡前需要的入睡信号，也可以认为是睡前仪式。睡前仪式并不是睡前随意做几件事那么简单。睡前仪式是一系列固定的、有序的、能帮助宝宝安静下来的事件组合。下面给大家举一些比较经典的睡前仪式的例子。

① 唱儿歌倒着走到卧室

唱儿歌和孩子交流的好处上一节已经提过。那倒着走的好处又是什么呢？倒着走不光有趣，还对孩子的感觉统合发展很有好处。仅仅是倒着走回卧室，对孩子来说，就是一个很好玩的小游戏。有游戏的吸引，孩子去卧室这件事，就变得相对容易完成了。

②———— 给孩子讲睡前故事

睡前故事要选取内容少的绘本，讲两三个故事，时间建议控制在 15 分钟左右，最多 30 分钟。否则，孩子本来都有困意了，如果睡前故事情节复杂曲折，层层深入，他会越听越精神。或者在两三本书中，选一本固定的晚安绘本，也是很聪明的办法，因为熟悉的故事会让孩子有安全感，也不容易兴奋，能轻松入睡。有时家长讲完 3 个故事，时间也差不多了，宝宝会觉得意犹未尽，央求再讲一个。这时家长不妨再讲一个，但是要提前告诉孩子：我只能多讲这一个。然后最后一个故事要尽可能短一些。这样做其实不是纵容孩子，而是蒙氏教育中强调的"温柔而坚定"。

在 0~3 岁阶段，我们建议温柔比坚定要多一点，我们当然要给孩子建立规则的边界，但是这个边界可以稍微模糊一点。其实越是年龄小的孩子，他的需求越是简单，归根结底，就是想证明，自己被妈妈、爸爸爱着，所以他很期待父母的回应。讲完 3 个故事之后，满足孩子的愿望再讲一个，让孩子得到爱的回应，心理上得到满足；同时很短的故事也会让孩子知道，到此为止，我们再也不会讲了。如果孩子还是希望再读一个，很期待，家长可以答应简单地陪他聊两句。最后家长可以用固定的形式结束睡前仪式，比如，亲一下宝贝的眼睛，来正式宣告睡前故事时间结束。

③———— 给孩子一个安抚的毛绒玩具

抱着毛绒玩具睡觉几乎是所有儿童都喜欢的睡前习惯。我的孩子也是，他喜欢抱着玩具侧着身睡，这是他睡觉前的固定动作。每个孩子都会形成自己的固定动作，这也是睡前仪式的一部分，会给孩子进一步的暗示：马上就要睡觉啦，要闭上眼睛了。孩子出去旅行前，家长可以带上他熟悉的毛绒玩具或者小被子，这样可以很好地安抚孩子的情绪，让他在陌生的环境里也能睡得安稳。

4 —— 亲吻晚安

睡前仪式的最后一步就是亲亲孩子的额头，跟他说晚安。这一步是很重要的，预示着：说完晚安之后，大家就不再说话了。这时如果孩子还是想和你聊天，家长可以这样回答："我知道你还有很多话跟妈妈分享，但是我很困了，现在是睡觉的时间，明天早上我们再说吧，好吗？"这样温柔而坚定地回应之后，家长就可以不说话。孩子再说什么，家长就可以装困，用"嗯嗯"简单地回应，让孩子自己入睡。

确定了入睡仪式中的事情和顺序之后，下面还有一些小技巧，可以帮助家长和孩子顺利地完成这个仪式。

蒙氏小技巧：

1. 流程可视化　　2. 循序渐进　　3. 放松心态，享受过程

1 —— 流程可视化

低年龄宝宝理解抽象事物的能力有限，但识图能力很强。所以我们可以为孩子制作可视化的生活流程图，用手绘图片的方式告知孩子睡前仪式都有哪些环节。相比文字和语言，图片传递的信息更直接、简洁，也更容易被孩子接受。除了睡前仪式，任何固定的流程其实都可以用图片来展示，刷牙、洗澡、收拾玩具等等。蒙台梭利幼儿园每个班级都会制作的一日流程图，是我们蒙氏老师帮助新生过渡适应的必备工具。

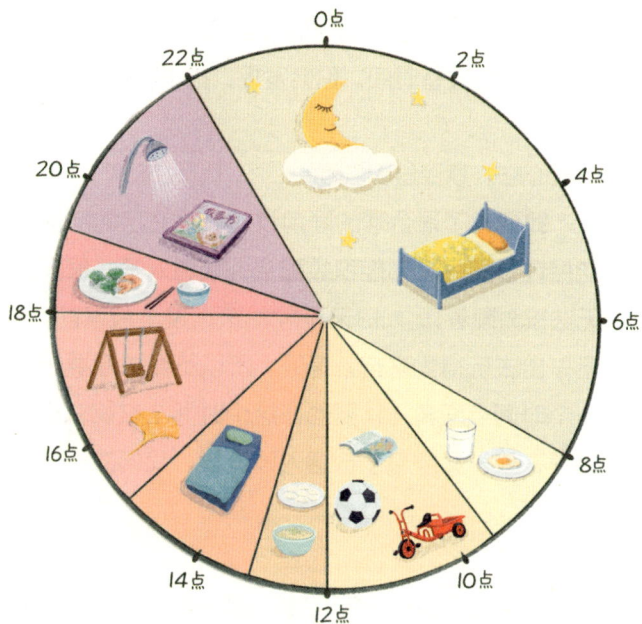

▲ 一日流程图

　　看了这个流程图，可以让小朋友知道即将要做什么，他就不会那么迷茫、那么担心了。家长不妨参照这个流程图，设计自己家庭的一日流程图，贴在家里让孩子记住，这样无论是照料者变换还是环境变化，孩子都可以从固定的、熟悉的流程中获得安全感，和家长更好地配合。让小家伙真的学会每天有规律地生活并不容易，但只要设计好了流程，就有了目标，大家一起往目标上努力，孩子的进步会让你感到惊讶。

②—— 循序渐进

　　睡前仪式通常在什么时候开始呢？我建议最早可以从睡前的1 小时开始。如果想让孩子晚上 9 点 30 分睡着，那么家长可以设定 8 点 30 分的闹钟。铃声一响，就跟孩子表示该去刷牙洗脸了。提前这么长时间，家长可以更从容地应对孩子早期的各种"花招"，继续温柔而坚定地坚持执行每日流程。因为时间充足，家长也就更能包容孩子，孩子也有机会进步。建议家长可以记录孩子每天睡前的准备时间。你会发现，孩子和你都在悄悄进步。

❸—— 放松心态，享受过程

即便有了很合理的睡前仪式、很充足的准备时间，但谁也不能保证孩子每次都能积极配合，顺利入睡。很多因素会导致孩子无法按时睡着，比如白天睡得太多了，晚上被爸爸训后情绪很不好，下午出去玩得太兴奋，等等。所以不要执意要求孩子每天都在某一个时间点睡着，只要他在这个时间左右躺在床上，基本执行了流程，孩子又学习了一遍入睡流程，我们的目标就达到了，就是胜利了。

如果孩子哪一天无论如何就是睡不着，家长也不要去责怪他，可以自己打开台灯看会儿书，甚至可以自己先睡，总之就是不用管他。有时当大家缓解了压力，轻松一点了，睡觉这件事反而变得容易。

所以孩子偶尔睡得晚、睡不着是很正常的，只要我们把握孩子早睡早起习惯的大方向对就可以了，剩下的慢慢来，生命总是会向着好的方向生长。

家长也不要有太强的掌控欲，而应该有这样的心态：过程永远比结果重要。最怕完美主义的焦虑家长，把睡觉变成了每天的考试，让孩子和自己都心烦，那不愿睡觉的宝宝就真的要来了。让孩子享受睡前仪式的过程，让他感受妈妈、爸爸的爱，以及让他养成自主入睡的好习惯，这些比每天按时睡着都重要。

06
安抚物帮助
孩子从依恋
到独立

在讲解睡前仪式时，我们提到一个环节是，让孩子抱着自己的毛绒玩具睡觉。这个毛绒玩具其实就是安抚物，安抚物是孩子依恋妈妈的习惯的延伸，长大的孩子不能一直抱着妈妈，安抚物就成了一个很好的替代品，能带给孩子安心、安全的感觉。

每当孩子睡觉前或者害怕、紧张、无聊时，就想去拿的东西或做的事情，就是他的安抚物或安抚习惯。常见的安抚物有玩偶、安抚巾、小被子等等。我还见过一个宝宝，喜欢妈妈的耳朵，通过摸妈妈的耳朵来获得安抚。还有些孩子通过吮吸手指、咬嘴唇来获得安抚。

孩子为什么需要安抚？安抚其实是依恋行为的客体过渡。刚开始，婴儿通过吃喝拉撒睡的日常相处，跟妈妈或者其他照料者建立了他生命中第一段依恋关系，如果这段关系有密切稳定的质量，婴儿就会从这段关系中获得"这个世界很好，我能活下去"的感觉，进而开始建立对自己、对环境，以及对世界的信心。

大多数宝宝依恋关系建立过程中的第一个客体，是他们很熟悉的妈妈，因为怀胎十月让宝宝对妈妈的声音、味道感到特别亲切。当孩子觉得有危险时会找妈妈，感到无聊时会找妈妈，不舒服时更要找妈妈。家长有没有发现，婴儿哭的时候，即便他不饿，但是当妈妈把他抱在怀里，他会想寻找妈妈的乳头。

这是因为最开始孩子依附的对象非常具象，比如妈妈的乳头，吮吸可以带给孩子强烈的安抚。慢慢地，妈妈不再哺乳喂养，妈妈温暖的拥抱也可以带来安抚。随着孩子长大，妈妈不在身边的时候越来越多，孩子就要想办法自我安抚，大部分孩子无师自通地通过吮吸手指来获得安抚，吸手指跟吸妈妈乳头的感觉很像。

当他依恋的客体过渡到自己的手指上时，孩子就不需要时时刻刻依赖妈妈了，这预示着聪明的小家伙迈出了独立的第一步。

孩子断奶后吸手指是积极的，是走向独立的必经过程。有家长会给孩子安抚奶嘴，那他的依恋对象就从身体过渡到物体了，这也是积极的解决办法，但要看孩子的兴趣，每个孩子的安抚物都不一样，有些孩子的依恋客体会是毛绒玩具、小被子等。

安抚物卫生清洁的问题家长可以灵活解决，比如小朋友吃手的时候，家长可以这样说："我刚刚看到你吃手了，手指头上沾口水了，口水会弄脏玩具，我带你去把手洗一洗。"这样家长用洗手自然终止了吃手的行为，而且没有苛责和训斥。家长的尊重也会让孩子更愿意去配合家长，愉快地去洗洗小手。慢慢孩子觉得麻烦，也会改变自己的安抚习惯。

如何戒掉安抚物？

大部分孩子在两三岁之后，会把更多的关注放在日常生活和社交上。因为需要安抚物的背后其实是孩子感到不安全或无聊，希望有更多亲密陪伴和关注。当孩子长大后，和更多的人建立了亲密的关系，比如邻居的小伙伴、幼儿园的小朋友、老师等等，这些人都能够给孩子更多亲密陪伴的时间。

除此之外，孩子的活动也丰富起来，例如他无聊的时候，除了吃自己的手指，还可以看绘本、玩乐高、玩沙子、画画等等。逐渐丰富的活动及高质量陪伴，会让孩子以更健康、更积极、更多元的方式来消解自己的无聊或者不安全感。

如果孩子有更多安抚自己的方式，那么他自然而然就会减少对安抚物的依赖，走向独立。所以不管孩子是吃手还是咬嘴唇，我们首先要放松，不要给他们很大压力，同时提供更丰富的活动和更高质量的陪伴，也要注意观察孩子需要安抚的时机。例如在幼儿园的午睡时间，有的孩子躺在床上没事干，睡不着，然后很无聊，这时他很需要安慰，就会吃手。这时老师就会多陪陪他，跟他聊聊天，放一些音乐，按摩小手，轻拍身体，帮助他放松，小朋友自然会把吃手的事情忘掉。

如果孩子对自己的安抚物比较迷恋，那么家长要帮孩子安顿好他的"小伙伴"。我们幼儿园刚开始会允许小朋友带毛绒玩具来上课，但是有的孩子一直抱着玩具不松手，那当吃饭的时候，或者跟小朋友拉手的时候，他的活动就会受到影响。

蒙氏老师就会准备一个专门的筐子，说："这是你们小伙伴的家。因为现在大家要手拉手做游戏，你们不能抱着小伙伴了。你们可以先把小伙伴放到筐子里，等做完游戏后，再把它取回来。"

给毛绒玩具提供合适的地方安顿，小朋友基本都可以接受。因为老师允许孩子活动一结束就把毛绒玩具拿起来，他们就觉得："嗯，这是我可以掌控的，没什么可担心的。"慢慢地我们老师会告诉孩子把"小伙伴"放到他们的小床上面去等等。很快，孩子就忘了毛绒玩具，玩得不亦乐乎。

总之，我们要用自然的、循序渐进的、让孩子觉得舒服的、尊重他的方式，帮他进行依恋关系的过渡。慢慢地孩子就会明白："生活很有趣，我们要往前走，小伙伴就会留在原地，我们感谢它的陪伴，然后要跟它说再见。"

家长也可以在孩子过生日时或者其他重要时刻，很有仪式感地告诉他："你已经长大了，你自己一个人就能很好地上学了，可以不依靠小伙伴了。从今天开始，你就可以把它留在家里或者放进书包里，不用上课的时候拿出来了。"

当然，家长得提前确认好：孩子已经准备好了。当你发现孩子常常忘记自己的"小伙伴"时，那就说明他已经准备好，可以安排"小伙伴"告别仪式了。

告别安抚物，孩子将走向更加独立的下一个成长阶段。

家长实践　　请根据本章内容，给孩子设计充满爱和温馨的睡前仪式：

▶ 设计时要考虑以下几点：

每个环节是否有亮点，能否引起孩子的参与兴趣？

记录睡前仪式持续时间的位置是否容易看到？

睡前故事的选择是否足够简短、温馨、熟悉？

仪式中的每个环境，能否帮助孩子逐渐安静下来？

▶ 设计好睡前仪式后可以带孩子一起实践，家长可以每周对实践结果进行整理回顾并思考，按照孩子的需求找到你们家专属的最佳睡前仪式。

参考文献

[1] 孟昭兰, J. J. Campos. 幼儿不同情绪状态对其智力操作的影响 [J]. 心理学报, 1984（3）.

[2] Maria Montessori. The Absorbent Mind: A Classic in Education and Child Development for Educators and Parents[M]. New York: Holt Paperbacks, 1995.

[3] 玛丽亚·蒙台梭利. 蒙台梭利幼儿教育科学方法 [M]. 任代文, 译. 北京: 人民教育出版社, 2001.

[4] 玛丽亚·蒙台梭利. 家庭中的儿童 [M]. 郭景皓, 郑艳, 译. 北京: 中国发展出版社, 2012.

[5] 艾莉森·高普尼克. 宝宝也是哲学家: 学习与思考的惊奇发现 [M]. 杨彦捷, 译. 杭州: 浙江人民出版社, 2014.

[6] 玛丽亚·蒙台梭利. 蒙台梭利文集: 家庭中的儿童 童年的秘密 [M]. 田时纲, 译. 北京: 人民出版社, 2014.

[7] 达娜·萨斯金德, 贝丝·萨斯金德, 莱斯利·勒万特－萨斯金德. 父母的语言: 3000 万词汇塑造更强大的学习型大脑[M]. 任忆, 译. 北京: 机械工业出版社, 2017.

[8] 米哈里·契克森米哈赖. 心流: 最优体验心理学 [M]. 张定绮, 译. 北京: 中信出版社, 2017.

[9] 西尔瓦娜·夸特罗奇·蒙塔纳罗. 理解儿童: 生命重要的前三年 [M]. 朱朝旭, 译. 北京: 商务印书馆, 2021.

丰俭由人：更多家庭的蒙氏环境创设

感谢蒙小象"在家蒙氏"的家长学员
为本书提供的家庭环创照片

➤ 陕西·西安·肥肥家

🔺 厨房环境

🔺 玄关换鞋处

🔺 卧室阅读角

🔺 客厅活动区

➤ **广东 · 珠海 · CC 家**

工作区

玩具收纳区

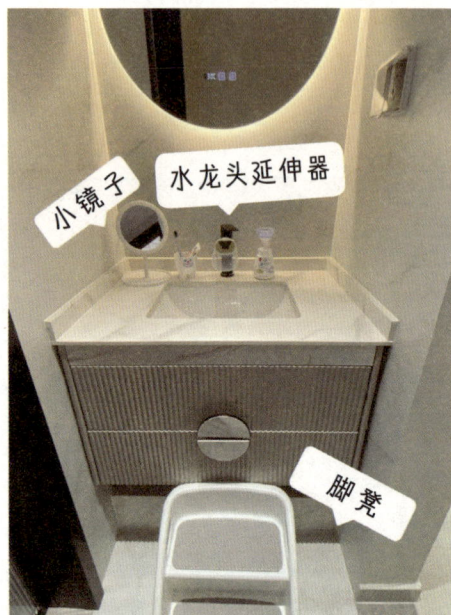

小镜子　水龙头延伸器

脚凳

洗手处

洗澡区

浴室角落

饮水区

饮水区

➤ 浙江·温州·果果家

▲ 活动区

▲ 阅读角

▲ 玄关换鞋处

▲ 卫生间门口的如厕引导

▶ 内蒙古 · 乌海 · 乐乐家

▲ 玩具收纳区

▲ 玄关换鞋处

▲ 就餐环境

▲ 活动区

➤ **澳大利亚 · 悉尼 · Nicole 家**

情绪角

洗手处

绘本和玩具收纳区

➤ **安徽 · 亳州 · 萱萱团宝家**

情绪角

饮水区

穿衣区

过来人的真心话：
妈妈们学习蒙氏教育理论后的真实感想

从孩子身上，看到生活的更多可能

教养孩子的路没有捷径。作为一个家有两宝的妈妈，我对此深有体会。老大写作业不安定，老二不好好吃饭，两个人还经常闹脾气。有段时间我也很火大。学习蒙氏后，我最大的收获是能够逐渐控制自己在孩子面前的情绪，做到"温柔而坚定"。当引导大于说教，孩子自己确实会表现出向好的趋势。现在，老大写作业也不会像从前那样，老是跑来跑去地问，而是学会了自己先解决完，最后来问我；而我不强行干预老二的吃饭自由后，他挑食的毛病反倒渐渐没了。学习蒙氏教育，让我真正了解了孩子，也重新审视了自己。也许孩子给我们带来的，不仅是一种新的生活模式，更是一种新的成长道路。希望和我一起踏上这条路的你，能够通过学习蒙氏，看到生活的更多可能。

静辰妈妈

了解孩子行为背后的需求

作为一名养育着三个女儿的妈妈，我觉得自己很幸运：家人一直在各方面支持着我。但是孩子多了，生活中难免会有这样那样的矛盾和冲突。比如小女儿和二女儿经常因为争抢玩具哭闹，如何妥当地处理这种情况，是一直困扰着我的难题，有时候都不知道自己的做法是不是正确。

　　系统学习蒙氏教育后，我意识到孩子的每一次哭闹背后其实都是需求没有满足。现在孩子哭闹时，我不再仅仅以让孩子别哭了为目标来安慰她们，而是尝试站在孩子的角度，理解她们的需求。当我用旁白式的语言解读出孩子哭闹的原因，讲出她们想要的结果，让孩子们明白"妈妈懂得她们"后，再进行引导和教育，孩子们也更愿意配合了。

　　借这次机会，我想向所有和我一样，因为在养育孩子过程中遇到种种问题而感到迷茫的家长，分享一段来自诗人纪伯伦所著诗篇《孩子》中的诗句：

　　你的孩子，并不是你的孩子，
　　他们是由生命本身的渴望而诞生的孩子，
　　他们借助你来到这世界，却非因你而来。
　　他们在你身旁，却并不属于你，你可以给予他们爱，
　　但不能给他们思想，因为他们有自己的思想，
　　你可以庇护他们的身体，但不能左右他们的灵魂……

　　这段诗对我来说是一份珍贵的指南，始终提醒着我，孩子不是我的私人财产，我不能强制她们按照我的意愿去成长。相反，我应该尊重她们的个性和思想，将注意力放在为她们提供一个适合成长的环境上，给她们爱和支持，相信她们，让她们自由地探索世界，帮助她们成为独立、自信、有思考力的人。希望这段诗能为所有感到困惑和迷茫的家长提供一些启示，帮助你们更好地理解孩子，支持孩子成长。

吴颖妈妈

把握教育的方向

父母爱孩子，天经地义，但什么是爱孩子呢？我们希望孩子能够茁壮成长、成为龙凤之才，但是该怎么做呢？在还未当妈妈之前，我就一直在思考这些问题，幻想如何爱护孩子。直到我真正成为妈妈，并接触了蒙台梭利教育，我才找到了问题的答案。

父母对孩子的爱，其实是无条件的接纳和尊重。只有让孩子感受到充分的爱，才能培养出内心富足的孩子。蒙台梭利以孩子为中心的教育理念，有一套行之有效的科学方法，鼓励我们为孩子创造一个合适的家庭环境来支持孩子的成长。在我看来，这就是父母爱孩子的最佳实践之道。因为现实中我们常常会让"无条件的接纳和尊重"跑偏，变成对孩子的溺爱和纵容，所以知道什么是适合孩子成长的家庭环境，就显得非常重要。

父母的教育理念决定了孩子成长的高度。只要父母把握好教育的方向，孩子自然就会走在正确的道路上。我家的小宝贝CC，在蒙氏环境中长成了一个阳光帅气的小男孩，他独立、勇敢、有同理心，对世界充满好奇，总是充满活力。回顾不算容易的育儿过程，正是蒙台梭利教育给了我很大的帮助，感谢和蒙台梭利教育的相遇，让我找到了教育的方向。

CC 妈妈

学会给孩子有规则的自由

坦然地说，在没有养育孩子之前，我从来没有想到，育儿过程中对我来说最有挑战的事情竟然会是保持自己情绪的稳定。因为孩子的很多行为都很难让我接受：为什么他听不进去我说的话？为什么他在家里总是要爬高上低？为什么他凡事都要自己做，明明他做不了，还是执意要去做，结果做不好自己又发脾气？为什么他喜欢出手打人？为什么给他立的规矩他就是不照着做……

系统地学习蒙台梭利教育后，这些曾经让我疲惫不堪，并且差点失去育儿信心的问题，全都有了答案——因为我没能够正确地认识这个小生命，我没能够读懂他的成长秘密，没能读懂他的需求，照顾他的感受，为他做到身教言传，所以才总是产生亲子冲突。

学会给孩子有规则的自由，是我学习蒙氏教育后领会的最大心得。我学会了通过观察孩子的行为，看到孩子行为背后的原因和需求，不再像过去那样站在成年人的角度用条条框框去要求孩子，而是在孩子不违背"不伤害自己、不打扰别人、不破坏环境"原则的前提下，为孩子提供一定的环境支持，去支持他的成长和发展。

当孩子要去上幼儿园的时候，我曾经担心过，孩子从小都是我在带，突然离开妈妈会不会哭闹得很厉害。结果他不仅没有哭闹，入园后还像在我身边时一样，热情、开朗、有礼貌，懂得遵守规则，还知道如何跟小朋友去沟通玩耍，很让我惊喜。我想，这可能是源于平时在陪伴中，我已经给足了孩子安全感，能懂他、尊重他，照顾他的感受，在有爱有规则的前提下，给予了他探索环境的成长自由，让他信任自己、信任环境，在陌生的地方也能很快适应。或许当了父母后，我们面临的人生课题中最难的就是学会放手，但我会继续努力为孩子创造一个安全、自由、快乐的成长环境，让他能够迸发出自己的生命力量。

肥肥妈妈

乐乐趣蒙台梭利早教系列

《家里的蒙氏亲子课》（共 8 册）

　　这是一套适合亲子共读的蒙氏教育理论实操绘本，作者夏洛特·普桑是法国蒙台梭利教育资深推广人、国际蒙台梭利协会（AMI）认证专家，曾在法国、加拿大、阿根廷、巴西等地任法英双语蒙台梭利教师，拥有 14 年国际教龄。

　　这套绘本的 8 册小故事围绕宝宝一日活动展开，用温馨的画面描绘真实亲子生活场景，让宝宝边看故事，边习得良好的生活习惯，也为家长提供蒙氏教育实操指导。

《家里的蒙氏早教玩具书》

　　手指的运动就是大脑的体操。这套书依托蒙氏手指动作发展理论，为宝宝提供可以眼看、手摸的平台，让宝宝的小手指动起来，摇一摇、跳一跳，可以促进宝宝手部精细动作发展，提升宝宝的手脑协调能力和想象力。

《趣味创意触感玩具书》

遵循蒙氏教具"感官先行"的理念，用绚丽的丝带、夜光星星、可爱的瓢虫作为触感玩具帮助孩子理解数量和颜色，多种形式刺激宝宝触觉发育，培养孩子自主入睡的好习惯。

《法国益智积木 家里的蒙氏玩教具》

这是一本从蒙氏教具脱胎而来的益智玩具书，由一本游戏指导手册和十二块创意积木组成，每一块积木的每一面都有不同颜色的图案，整套积木有成百上千种组合方式，让孩子在无限可能的积木搭建游戏中，放飞想象，锻炼观察配对、手眼协调、逻辑思维、语言表达等多种能力。